I0423282

# AUTOCRACIA COMO LEGADO DA DEMOCRACIA

O Expansionismo do Regime Democrático e a Formação do Estado Islâmico

J. MAURO COUTO ALVAREZ FILHO

2

Copyright © 2016 José Mauro Couto Alvarez Filho
All rights reserved.
ISBN: 1533525722
ISBN-13: 978-1533525727

## 3

Ao meu pai, que me ensinou o valor de questionar e a importância de buscar respostas pelo entendimento próprio.

4

Agradeço ao professor e orientador José Filomeno de Moraes Filho, pelo auxílio dedicado e pelo incentivo à pesquisa. Agradeço à minha família, em especial à minha mãe, ao meu pai, à minha noiva, ao meu irmão, à minha cunhada e à minha sobrinha, pelo apoio e pela motivação em minha vida – o que tornou possível, entre outras alegrias, a produção deste trabalho.

6

"Do lugar em que temos razão
jamais crescerão
flores na primavera.

O lugar em que temos razão
está pisoteado e duro
como um pátio.

Mas dúvidas e amores
escavam o mundo
como uma toupeira, como a lavradura.
E um sussurro será ouvido no lugar
onde houve uma casa
que foi destruída."

*Yehuda Amichai*

8

Este trabalho analisa de que forma a existência de um caráter expansionista, proselitista, possivelmente intrínseco à concepção comum de democracia contribui para a paz na relação entre os Estados; assim como busca também investigar a relação que há entre este possível caráter expansionista dos regimes democráticos de organização estatal e a formação do Estado Islâmico nos vales dos rios Tigre e Eufrates no período posterior à Guerra do Iraque de 2003 – a construção de um Estado teocrático totalitário que surgiu em meio à crise de legitimidade do governo democrático iraquiano. A pesquisa estuda como a invasão e a democratização do Iraque por meio da força representou a desestabilização social e política do país árabe, demonstrando como o objetivo expansionista da democracia, fundamentado pela teoria da paz democrática, cria as condições políticas para que, em busca de maior segurança nas relações internacionais, regimes democráticos ponham em risco a paz e a estabilidade entre os Estados, enquanto promovem, por meio da força, a multiplicação de frágeis governos populares aliados, como a nova democracia iraquiana. Este estudo demonstra, assim, como a formação do Estado Islâmico é fruto direto deste processo expansionista da democracia.

# SUMÁRIO

12

# INTRODUÇÃO

O tema da pesquisa apresentada neste trabalho é a relação entre um possível caráter expansionista intrínseco ao regime democrático de organização estatal – como o temos percebido na experiência política – e a formação do Estado Islâmico na Mesopotâmia no período posterior à Guerra do Iraque, ou seja, o desenvolvimento de uma autocracia que surgiu no Oriente Médio em meio à crise de legitimidade do recentemente instituído governo democrático iraquiano, estabelecido por imposição de democracias estrangeiras.

A doutrina constitucionalista internacional, inspirada pela filosofia kantiana, estabelece uma íntima relação entre o regime político por meio do qual um Estado se organiza internamente e a qualidade da coordenação dos diferentes interesses dos Estados na comunidade internacional. Em seu ensaio *À Paz Perpétua*, Kant (2013) defende que a democracia é o único regime que garante a liberdade interna necessária em um Estado para que se estabeleça a paz duradoura nas relações internacionais, pois a paz depende da vontade do povo – justamente quem é mais afetado pela aflição da guerra.

O governo do povo seria, assim, o primeiro e mais imediato objetivo a ser conquistado na odisseia para pôr fim a todas as guerras; a democracia seria uma exigência para a paz. Infere-se desta argumentação, contudo, que, se o regime democrático favoreceria a paz como um promotor mais eficiente das boas relações entre os povos, a irracionalidade do autoritarismo representaria um risco para a comunidade internacional. Assim, a expansão do modelo democrático, ainda que por imposição estrangeira, seria moralmente justificável.

Desta forma, esta pesquisa justifica-se pela importância de analisar o caráter expansionista da democracia na história e determinar como a tese idealista de que a democracia é um dos fundamentos para a paz nas relações entre os Estados se sustenta frente a uma análise empírica dos fatos. Em meio à conflagração atual no Oriente Médio, a tese de que o estabelecimento de democracias por meio de imposição estrangeira é moralmente justificável deve ser cientificamente estudada. Mais especificamente, a disseminação de movimentos religiosos terroristas no Iraque após a intervenção ocidental iniciada em 2003 e a formação do Estado Islâmico em seu território – uma autocracia terrorista não reconhecida pelos demais Estados – devem ser postas em perspectiva frente à nova configuração social e política da região após a Guerra do Iraque.

Em meio à concepção comum da doutrina de que a democracia é fundamental para a coordenação de interesses internos e externos dos Estados, é importante demonstrar, com o exemplo da situação atual no Iraque e na Síria, como o expansionismo da democracia pode ser responsável pela criação de autocracias e de um estado de fragilidade nas relações entre os países. O fato de a doutrina em geral, assim como o senso comum, não compreender essa possível característica expansionista do regime democrático como um fator de fragilidade para a organização interna dos Estados e para a coordenação internacional dos interesses das gentes, bem como a necessidade de estabelecerem-se limites para tal atividade, que costuma desfrutar de legitimidade moral, é a justificativa para a análise proposta por este estudo.

Assim, analisando a tese defendida pelos teóricos da paz democrática, estudando a legitimidade do uso da força no sistema da Organização das Nações Unidas e o conceito de Estado na obra de Max Weber, este trabalho procura responder os seguintes questionamentos: Regimes democráticos promovem a paz entre os Estados de forma mais eficiente que regimes autocráticos? Existe um caráter expansionista intrínseco ao regime democrático de organização estatal? É moralmente justificável em si o estabelecimento de um regime democrático por meio de imposição militar estrangeira, onde antes havia uma autocracia? Há alternativas pacíficas para a propagação das liberdades políticas a nações autocráticas? De que forma a Guerra do Iraque e o estabelecimento de um governo iraquiano democrático contribuíram para o avanço das liberdades políticas dos iraquianos e dos povos vizinhos a estes? De que forma a Guerra do Iraque e a nova democracia iraquiana têm contribuído para a paz e a estabilidade nas relações entre os Estados em sua região? Qual a importância da Guerra do Iraque – e do estabelecimento de um governo democrático naquele país por meio da imposição militar estrangeira – para a formação do Estado Islâmico? A formação do Estado Islâmico pode ser considerada uma consequência legítima da imposição estrangeira da democracia no Iraque? O Estado Islâmico é um Estado de fato em território reivindicado por Iraque e Síria?

Entre as possíveis respostas para os questionamentos propostos – apresentadas aqui antes de um detalhamento mais profundo que apenas a pesquisa, no desenvolvimento do trabalho, tornará possível –, estão as seguintes hipóteses: A promoção da paz entre os Estados por parte de regimes democráticos não é necessariamente mais eficiente que aquela exercida por regimes autocráticos. Existe um caráter expansionista intrínseco ao regime democrático de organização estatal, inclusive com uma característica proselitista, similar à evidenciada na prática de algumas religiões, como o Cristianismo e o Islamismo. O estabelecimento de um regime democrático por meio de imposição estrangeira não é, em si, moralmente justificável. Há alternativas pacíficas para a propagação das liberdades políticas a nações autoritárias, como a construção gradual de instituições que fortaleçam a representatividade política de um povo. A Guerra do Iraque e o estabelecimento de um governo iraquiano democrático contribuíram muito pouco para o avanço das liberdades políticas dos iraquianos e dos povos vizinhos. A guerra contra o Iraque e a nova democracia iraquiana, por força do vácuo de poder estabelecido na região, têm contribuído negativamente para a paz e para a estabilidade nas relações entre os Estados. A guerra em destaque e o estabelecimento de um governo democrático no Iraque, por meio da imposição militar estrangeira, contribuíram para o descontentamento da população sunita local e para a desestabilização política no país, o que foi de grande importância para a formação do Estado Islâmico. O Estado Islâmico é um Estado nos moldes da teoria política estabelecida por Max Weber, ocupando territórios reconhecidos internacionalmente como parte do Iraque e da Síria.

Como objetivo geral, este trabalho busca analisar de que forma a existência de um possível caráter expansionista, proselitista, intrínseco à concepção comum de democracia, em âmbito geral, contribui para a paz na relação entre os Estados; assim como busca também investigar a relação que há entre este possível caráter expansionista dos regimes democráticos de organização estatal e a formação do Estado Islâmico nos vales dos rios Tigre e Eufrates no período posterior à Guerra do Iraque de 2003 – a construção de um Estado autocrático totalitário que surgiu em meio à crise de legitimidade do governo democrático iraquiano, estabelecido por imposição das forças estrangeiras responsáveis pela mencionada guerra.

Além deste objetivo geral, o presente trabalho possui como objetivos específicos: Analisar se é possível afirmar que regimes democráticos promovem a paz entre os Estados de forma mais eficiente que regimes autocráticos. Investigar se existe um caráter expansionista intrínseco ao regime democrático. Estudar e entender se o estabelecimento de um regime democrático por meio de imposição estrangeira é, em si, moralmente justificável. Pesquisar de que forma a Guerra do Iraque e o estabelecimento de um governo iraquiano democrático contribuíram para o avanço das liberdades políticas dos iraquianos e dos povos vizinhos. Investigar de que forma a Guerra do Iraque e a nova democracia iraquiana têm contribuído para a paz e para a estabilidade nas relações entre os Estados em sua região. Pesquisar o grau de importância da Guerra do Iraque – e do estabelecimento de um governo democrático naquele país por meio da imposição militar estrangeira – para a formação do Estado Islâmico. Analisar se o Estado Islâmico é um Estado de fato nos territórios do Iraque e da Síria.

Quanto à metodologia adotada na pesquisa para este trabalho, utilizamos o método observacional, que permite o alcance de um elevado grau de precisão dentro do contexto analisado. Neste sentido, mediante o estudo descritivo analítico, foi desenvolvida a pesquisa bibliográfica, por meio da qual seguimos a consulta por doutrinas, por livros especializados, na modalidade impressa e eletrônica, além de por artigos publicados e textos jornalísticos pertinentes ao assunto. Entre os principais autores para a presente pesquisa bibliográfica, estão Immanuel Kant, Max Weber, Álvaro Bianchi, Alexander Downes, Jonathan Monten, John Keane e Christopher Layne, entre outros.

Para alcançar os objetivos mencionados, o presente trabalho desenvolve-se em três capítulos. No primeiro, será estudada a possível existência de um caráter expansionista central ao regime democrático de organização dos Estados, analisando se as democracias liberais contemporâneas possuem, em geral, a característica comum, embora não necessariamente coordenada, de objetivarem a expansão geográfica de seus regimes para outros países, inclusive por meio da força, em um comportamento similar ao proselitismo historicamente praticado pelos seguidores das maiores religiões monoteístas. No segundo capítulo, será analisada a implantação do regime democrático no Iraque a partir da guerra iniciada em 2003, demonstrando de que forma o emprego da força para a expansão da democracia pelo mundo, em desrespeito ao regime de segurança instituído pela Carta das Nações Unidas, gerou, como consequência, o surgimento de insurgências fundamentalistas religiosas nos vales dos rios

Tigre e Eufrates, férteis a insurgências pelo vácuo de poder oficial, fruto da ilegitimidade política e social da nova democracia iraquiana. Entre as mencionadas insurgências, o Estado Islâmico, conhecido como ISIS ou Daesh, é um exemplo de como um possível caráter expansionista da democracia pode ter dado origem ao desenvolvimento de uma autocracia teocrática que representa um risco real à segurança internacional. Por fim, o terceiro capítulo abordará o caráter estatal do Estado Islâmico, analisando de que forma o ISIS pode ser considerado um Estado segundo a teoria de Max Weber, soberano e equiparável nas relações internacionais ao próprio Iraque, de onde surgiu.

# 1 O CARÁTER EXPANSIONISTA DA DEMOCRACIA

Insatisfeito com os rumos políticos que tomava o governo trabalhista recentemente eleito no Reino Unido no pós-Guerra dos anos 1940, Winston Churchill (1947) declarou famosamente, em discurso ao Parlamento britânico, que ninguém nutre a fantasia de que a democracia seja perfeita ou extremamente sábia. Na verdade, segundo o ex-primeiro-ministro britânico, tem sido dito que a democracia é o pior regime de poder[1], com exceção de todos os demais que têm sido experimentados de tempos em tempos. As palavras do estadista ilustram, ainda que de forma caricata e sarcástica, a importância e o prestígio que o regime democrático alcançou no mundo contemporâneo.

> Many forms of Government have been tried, and will be tried in this world of sin and woe [...]; but there is the broad feeling in our country that the people

---

[1] *Form of Government*, nas palavras de Churchill.

should rule, continuously rule, and that public opinion, expressed by all constitutional means, should shape, guide, and control the actions of Ministers who are their servants and not their masters (CHURCHILL, 1947).

Não há regime político perfeito, contudo, segundo Norberto Bobbio (2009), entre as diferentes configurações de regimes políticos adotadas pelos Estados, a democracia é considerada ideal não só pela representatividade popular que legitima politicamente e socialmente um governo baseado nas leis; não só pela eficiência econômica de um governo que seria, ao menos em teoria, governado, direta ou indiretamente, pelos seus próprios administrados. Talvez mais importante, o regime democrático é considerado ideal pelo nível de racionalidade aplicado à sua gerência, caracterizada por um processo de tomada de decisões que privilegia o debate entre teses e antíteses das mais contraditórias, que põe em equilíbrio os diversos interesses de seus diferentes grupos de cidadãos, e que evita a escolha de caminhos precipitados por parte da administração pública, ou o prejuízo ao interesse da maioria pela intemperança de um setor social.

## 1.1 A democracia como promotora da paz

Uma das consequências dessa racionalidade

do regime democrático seria o desejo do Estado governado por seu povo de manter-se em paz com os parceiros na comunidade internacional. A democracia privilegiaria o convívio pacífico entre as nações. Em seu ensaio intitulado *À Paz Perpétua*, Immanuel Kant definiu, em 1795, em meio às notícias das libertadoras convulsões sociais francesas que lhe chegavam na distante Königsberg, que, entre os três artigos definitivos de um conjunto de propostas que preparava para apresentar ao mundo no intuito de estabelecer uma condição permanente de paz internacional, o primeiro trataria da necessidade de os países serem governados por seus povos. Kant (1981) postulava, assim, que a Constituição civil de todos os Estados deveria ser republicana.

Segundo o entendimento da jurista Soraya Nour (2004), ao exigir uma constituição civil republicana para os Estados, Kant defendia que o povo desse a si próprio suas leis, o que na recepção da filosofia política kantiana é identificado com a concepção contemporânea de democracia. Em seu ensaio, Kant (1981) explica que a constituição republicana é fundada na igualdade dos membros de uma sociedade e na dependência de todos em relação à legislação comum. Assim, esta lei fundamental seria pura de origem, pois teria nas gentes sua fonte de direito e de poder. Sob ela, os cidadãos de um Estado deteriam o poder de decidir entre guerra e paz, podendo deliberar acerca do sofrimento, que do conflito decorre, e sobre as despesas – que devem ser custeadas por meio de seu próprio patrimônio –, antes de resolver pela violência. Quando o povo é mero súdito de um Estado, a decisão pela guerra não estaria atrelada a uma deliberação racional sobre as consequências do conflito para a população, pois o proprietário do Estado, o chefe soberano, não sofreria prejuízo tão direto com a agressão.

Nun hat aber die republikanische Verfassung, außer der Lauterkeit ihres Ursprungs, aus dem reinen Quell des Rechtsbegriffs entsprungen zu sein, noch die Aussicht in die gewünschte Folge, nämlich den ewigen Frieden; wovon der Grund dieser ist. – Wenn (wie es in dieser Verfassung nicht anders sein kann) die Beistimmung der Staatsbürger dazu erfordert wird, um zu beschließen, "ob Krieg sein solle, oder nicht", so ist nichts natürlicher, als daß, da sie alle Drangsale des Krieges über sich selbst beschließen müßten [...], sie sich sehr bedenken werden, ein so schlimmes Spiel anzufangen: Da hingegen in einer Verfassung, wo der Untertan nicht Staatsbürger, die also nicht republikanisch ist, es die unbedenklichste Sache von der Welt ist, weil das Oberhaupt nicht Staatsgenosse, sondern Staatseigentümer ist, an seinen Tafeln, Jagden, Lustschlössern, Hoffesten u. d. gl. durch den Krieg nicht das mindeste einbüßt, diesen also wie eine Art von Lustpartie aus unbedeutenden Ursachen beschließen, und der Anständigkeit wegen dem dazu allezeit fertigen diplomatischen Korps die Rechtfertigung desselben gleichgültig überlassen kann (KANT, 1981, p. 205).

Portanto, para Kant (1981), a democracia é o único regime que garante a liberdade interna necessária em um Estado para que se estabeleça a paz duradoura nas relações internacionais, pois a paz dependeria da vontade do povo – justamente quem é mais afetado pela aflição da guerra. Segundo ensina Oliver Eberl (2004), deve-se compreender da obra de Kant que os seus escritos sobre a paz não visam apenas à paz, mas também à democracia e aos direitos humanos; e que esses elementos formam um conjunto, no qual não é possível a modificação de um sem que se altere a realização dos três. Logo, sem o elemento democrático, não seria possível estabelecer um convívio pacífico entre os povos ou mesmo um regime realista de defesa dos direitos humanos.

Die Friedensschrift zielt nicht nur auf den Frieden, sondern auch auf Demokratie und Menschenrechte und bringt diese Elemente in einen Zusammenhang, der nicht beliebig zugunsten des einen oder anderen Elements verändert werden kann, ohne die Verwirklichung aller drei zu gefährden (EBERL, 2004, p. 202).

Kant percebeu uma íntima ligação entre a organização interna de um determinado Estado e as características da coordenação política de seus interesses com aqueles dos demais Estados com quem este se relaciona. O governo do povo seria o primeiro e mais imediato objetivo a ser conquistado na odisseia para pôr fim a todas as guerras; a democracia seria uma exigência para a paz. Infere-se deste argumento que, se o regime democrático favoreceria a paz como um promotor mais eficiente das boas relações entre os povos, então a irracionalidade do autoritarismo representaria um risco para a segurança da comunidade internacional. Assim, com a nascente teoria da paz democrática, a expansão da democracia, ainda que por imposição estrangeira, encontrava ampla justificativa moral.

## 1.2 Democracia e proselitismo

Pierre Mendès-France (1963), jurista e

estadista francês que lutou politicamente contra o neocolonialismo europeu, pregava que a democracia é, antes de tudo, um estado de espírito. Ao considerarmos a história conhecida do avanço territorial relativo da democracia nos períodos de florescimento dos modelos democráticos, como na Grécia clássica e no ocidente contemporâneo, é possível desenvolver esse pensamento de Mendès-France para conjecturar sobre a existência mesmo de um caráter proselitista intrínseco a esse estado de espírito.

Já na antiguidade, quando do levante das primeiras experiências democráticas, era possível observar a instrumentalização do regime como modelo imposto por democracias vencedoras sobre Estados derrotados para a formação de alianças. Escrevendo acerca do processo de expansão territorial da democracia ateniense, John Keane nos ensina que, do ponto de vista de Atenas, "[the] trouble was that democracy did not spring naturally from the depths of the Aegean, or the region's soil, or from the souls of its peoples" (KEANE, 2009, posição 1644). Atenas percebia que promover a democracia seria uma tarefa difícil e os legisladores atenienses descobriam que seus súditos não tinham muito interesse em seguir as leis democraticamente estabelecidas. Assim, a elite política de Atenas chegou à conclusão de que, sem a cooperação desejada, a democracia e suas leis deveriam ser impostas aos povos da região por meio mesmo da violência, quando necessário.

> Athens would come face to face with an ugly possibility: in the name of democracy, and for the sake of holding or expanding its own position, it might be forced to set up garrison colonies, to plunder whole cities, even to heap cruelty on those who tried to stand in its way (KEANE, 2009, posição 1649).

Com o objetivo de expandir o alcance de sua aliança política, Atenas seguiu o caminho da colonização, atacando e saqueando as cidades que se recusavam a submeter-se. Esse foi o destino da ilha de Milos, que, ao recusar curvar-se ante a democracia ateniense, insistindo na manutenção de seu status de neutralidade no conflito que dominava as relações entre os Estados gregos à época, teve sua população dizimada e substituída por colonos de Atenas. Segundo Keane (2009), a cruel destruição e colonização da ilha de Milos selou com sangue o governo da democracia.

> The deadly dalliance of democracy and armed force had wider, geopolitical implications. The democracy obviously carried within it the seeds of expansion by anti-democratic means. 'Wherever you go, there will be a polis' was the old

watchword of Greek colonization from the time of the westwards expansion, during the eighth century BCE, towards Sicily and southern Italy (KEANE, 2009, posição 1634).

No entanto, o expansionismo da democracia grega trazia consigo mudanças à sua própria estrutura. Ao dotar o regime político de características e objetivos militares, as liberdades políticas dos cidadãos atenienses passaram a sofrer restrições. Os líderes militares de maior êxito nos campos e nos mares, eleitos ao governo, traziam à democracia ateniense características mais demagógicas, com traços mesmo imperiais, estendendo-se no poder por sucessivos mandatos. Esta forma de dominação por demagogos, explicada por Aristóteles (2002) como o estágio em que a lei perde prestígio e soberania para a vontade das massas, ou daqueles que as controlam, seria a verdadeira forma corrupta do governo popular, alcançada, até certa medida, em Atenas, como consequência política de seu expansionismo – que, por fim, encorajou os rivais à sua perseguição. De acordo com o relato de Cole e Symes (2013), menos de oitenta anos após a tomada de Milos, os democratas de Atenas e seus aliados foram derrotados por uma aliança de Estados comandados por Esparta, o que marcou o início do fim daquela experiência democrática.

Séculos depois, a expansão do modelo democrático – por meios pacíficos ou militares – ainda é amplamente considerada algo a ser encorajado, devido ao fato de que, segundo a concepção contemporânea – fundamentada na filosofia kantiana e na teoria da paz democrática –, Estados democráticos são Estados que cooperam uns com os outros e vivem em paz. O senso comum – ainda que mais comum no Ocidente – aponta que democracias não entram em guerra com outras democracias, e este é o entendimento geral também da doutrina. De acordo com Thomas Risse (1999), o argumento liberal de que as estruturas políticas democráticas representam uma precondição para a formação de uma ordem de estabilidade e paz nas relações internacionais tornou-se o senso comum entre os especialistas ocidentais em política internacional. A maior parte dos teóricos liberais de relações internacionais presume que as democracias são inerentemente pacíficas, enquanto regimes autoritários seriam intrinsecamente agressivos. Segundo Owen (2004), o consenso entre os especialistas é o de que a teoria da paz democrática é aplicável no mundo real, necessitando apenas de um estudo mais aprofundado para que seja melhor explicada. Thomas Schwartz e Kiron Skinner vão além em sua análise. Segundo os autores, "in the established church of foreign policy, no creed currently commands greater devotion than democratic pacifism" (SCHWARTZ; SKINNER, 2002, p. 159).

Segundo Layne (1994), além da academia, a teoria da paz democrática é amplamente aceita também pelos analistas e formuladores de política externa, tendo alcançado especial recepção pelo governo dos Estados Unidos após o fim da Guerra Fria. Layne (1994) afirma que, a partir da década de 1990, a sugestão comum de parcela importante dos comentaristas políticos norte-americanos tem sido a de que o foco central da política externa dos Estados Unidos deveria ser a promoção – ou exportação – da democracia para outros países, desde o Haiti até a Rússia.

Anthony Lake (1993), assessor de segurança nacional da presidência dos Estados Unidos na década de 1990, defendia, já logo após o fim da Guerra Fria, que, à proporção que a democracia e a economia de mercado ganhassem mais força entre as nações, os Estados Unidos estariam mais seguros e seriam mais prósperos e influentes, enquanto o mundo em geral seria mais humano e pacífico. Segundo Lake (1993), a formação de novas democracias tornaria o mundo mais seguro, uma vez que democracias teriam a tendência de não entrar em guerra umas com as outras e de não patrocinar o terrorismo; além disso, Lake defende que as democracias seriam mais confiáveis nas relações diplomáticas e seriam mais avançadas no respeito aos direitos fundamentais de seus povos.

Neste aspecto, é interessante analisar as palavras de Bill Clinton expressas em seu Discurso do Estado da União de 1994, quando o então presidente norte-americano defendeu que a melhor estratégia para garantir a segurança dos Estados Unidos, e para construir um estado duradouro de paz, seria apoiar o avanço da democracia pelo mundo, uma vez que, segundo Clinton (1994), democracias não atacam umas às outras.

> We must not cut defense further. [...] Ultimately, the best strategy to ensure our security and to build a durable peace is to support the advance of democracy elsewhere. Democracies don't attack each other. They make better trading partners and partners in diplomacy (CLINTON, 1994).

Com conteúdo similar ao das palavras do democrata Bill Clinton, a opinião do republicano George W. Bush acerca da importância dos regimes democráticos para o estado de paz internacional demonstra que a aceitação da teoria da paz democrática não é uma questão partidária nos Estados Unidos, mas faz parte da política de

Estado. Em pronunciamento na Casa Branca, o então presidente Bush (2004) afirmou, em conjunto com o então primeiro ministro do Reino Unido, Tony Blair, que "[...] the reason why I'm so strong on democracy is democracies don't go to war with each other. And the reason why is the people of most societies don't like war, and they understand what war means". Dois anos depois, discursando em uma base militar no Afeganistão, Bush (2006) ressaltou: "[...] you see, democracies yield the peace we all want. History has taught us democracies don't war. Democracies – you don't run for office in a democracy and say, please vote for me, I promise you war".

De acordo com Layne (1994), uma vez que a recepção da teoria da paz democrática nos Estados Unidos relaciona os interesses e a segurança norte-americana aos regimes políticos e sistemas internos de outros Estados, sua lógica tende a determinar a adoção de um posicionamento estratégico intervencionista por parte dos governos dos Estados Unidos. Segundo o autor, quando democracias são consideradas pacíficas por natureza e Estados não democráticos são percebidos como perturbadores da paz, a conclusão inexorável é a de que as democracias apenas estarão realmente seguras quando os perturbadores da paz forem também transformados em democracias. Assim, o intervencionismo das democracias em busca de segurança nas relações internacionais seria, em si, também um importante risco para a paz entre os Estados.

John Keane (2009) ensina que, apesar de popular, a tese idealista de que a democracia seria um dos fundamentos para a paz encontra pouco apoio científico quando é empiricamente posta à prova. Sob circunstâncias de tensão regional ou global, democracias podem tornar-se receosas e lançar-se contra seus vizinhos em atos de violência, com enormes efeitos destrutivos sobre as pessoas, a infraestrutura e o ecossistema. As democracias não possuiriam uma essência pacífica, pois esta característica dependeria das perspectivas e circunstâncias dos governos eleitos.

> When [citizens failed to rein in bellicose parties and leaders] – our muse here recalled a character of Herman Melville's Moby-Dick; or, The Whale – monitory democracy risked abuse by governments that behaved like Captain Ahab, the monomaniac who caused mayhem by hunting a feared and hated object to the last corner of the earth. The twenty-first-century record showed that democracies left more than a few victims in their wake, because

sometimes they elected leaders – Ariel Sharon, George W. Bush, Tony Blair – who picked fights and started wars, often in disputed circumstances, using cooked up charges that many voters swallowed, if only for a time (KEANE, 2009, posição 12959).

Pesquisas históricas de ampla importância, amparadas por vasta análise empírica, apontam para a conclusão de que a paz democrática é um mito. Paul Gottfried (2012) demonstra que uma característica importante das sociedades liberais e democráticas é a forma claramente antiliberal com a qual estas sociedades têm atuado em guerras. Segundo o autor, não é possível diferenciar os meios usados por Alemanha e Áustria na Primeira Guerra Mundial daqueles postos em prática pelos Estados Unidos de Woodrow Wilson; assim como o bloqueio imposto por Churchill contra a Alemanha no verão de 1914, antes do início da guerra, em desrespeito ao Direito Internacional vigente, não estava mais nem menos cercado de moralidade do que o avanço das forças armadas alemãs sobre o território neutro da Bélgica.

Em verdade, o conflito armado que irrompeu no início de 2014 e já contabiliza milhares de mortos no leste europeu entre Rússia e Ucrânia – com a participação de suas forças armadas, apesar de a conflagração estar centrada na atividade de milícias e de forças populares agindo independentemente do controle direto dos governos das duas democracias – é um exemplo recente de como o conflito de interesses nacionais pode resultar em guerra, mesmo entre dois Estados democráticos, inclusive com a anexação de territórios. Esse e outros exemplos recentes, como os das repetidas guerras que opuseram Israel e Líbano entre 1982 e 2006, demonstram que a simples coincidência de regimes democráticos não é o suficiente para impedir que dois Estados entrem em guerra.

De acordo com a pesquisa de Thomas Risse (1999), entre 1816 e 1976 – ou seja, em mais de um século e meio entre o fim das guerras napoleônicas e o fim do processo de descolonização da maior parte da Ásia e da África –, sistemas políticos democráticos estiveram envolvidos proporcionalmente na mesma quantidade de guerras que regimes autocráticos. Ainda, nas cerca de trinta guerras das quais as democracias participaram no período pesquisado, não é possível definir com clareza, na maioria dos casos, que partes podem ser consideradas agressoras ou defensoras – muitas vezes a diferença não faz nem mesmo sentido.

Segundo Risse (1999), das quatro mais

violentas guerras desde 1816, apenas a Segunda Guerra Mundial representou claramente um movimento de agressão por parte de um regime autoritário – no caso, o regime totalitário nazista. A Guerra da Coreia foi um exemplo de guerra iniciada por um regime autoritário contra outro de mesma característica, mas que se tornou consideravelmente mais violenta com a participação da coalizão de democracias lideradas pelos Estados Unidos, que ultrapassou os limites do paralelo 38, efetivamente forçando a entrada da China no confronto. Algumas décadas depois, no caso da Guerra do Vietnã, os Estados Unidos não só deram início à agressão, mas foram também responsáveis pelo recrudescimento do conflito, que o fez tomar as proporções que alcançou na década de 1970.

Apesar de ser amplamente aceito que o avanço geográfico da democracia significaria a redução no número das guerras – e o avanço moral daquelas que chegassem a ser travadas –, Andrew Fiala (2009) ensina que a aceitação acrítica deste ideal da paz democrática pode levar as nações a entrarem em guerra em nome do avanço da democracia – um resultado que trairia as raízes kantianas da teoria. Um idealismo excessivo, desinteressado pela realidade empírica dos fatos como se apresentam, pode ser usado para racionalizar a violação do Direito Internacional e possibilitar a legitimação moral da violência da guerra.

> When we acknowledge the ambiguous legacy of democratizing wars as well as the difficulty of justifying war in general, we should be more critical of the myth that forcible democratization is a legitimate way to create lasting peace. If we believe the myth that democratizing wars are both morally acceptable and easy to win, we can end up making moral compromises: atrocities can be rationalized as means to forcibly spread democracy in order to build Peace (FIALA, 2009, p. 78).

A princípio, o ideal da paz democrática deveria ser imune às manipulações que tivessem o intuito de promover a guerra e justificar atrocidades, uma vez que o objetivo primeiro do ideal é a própria defesa da paz. No entanto, como aponta Fiala (2009), o ideal da paz democrática possui uma espécie de poder mítico que seduz os povos a travarem guerras que rompem com os próprios padrões de justiça tão centrais ao ideal. O culto da paz democrática seria assim sustentado por uma esperança escatológica de construção de um mundo pacífico, e os próprios horrores da guerra alimentariam a crença de que a paz perpétua é possível. Assim, para tornar real este tão esperado fim da história, os idealistas parecem propensos a negociar os termos, ainda que para isto lhes seja necessário criar exceções e justificativas morais para praticar aquilo que desejam abolir.

Paradoxalmente, a busca idealista pela paz, que se supõe inerente aos regimes democráticos, é a própria fundamentação para o expansionismo militar da democracia, um proselitismo belicista que tem o objetivo de autorreplicar o regime político de um Estado para outro, em nome da paz, por meio da guerra. Como uma religião que não se alicerça na busca por um aprofundamento introspectivo, mas objetiva o contínuo avanço geográfico de sua crença por meio da conversão alheia, a democracia multiplica-se em regimes frágeis, cambaleantes sob o peso de conflitos internos.

## 1.3 Consequências da expansão da democracia por imposição estrangeira

Embora tenha se tornado comum durante o século XX a ideia de que a intervenção estrangeira em um Estado autoritário, ainda que não cumpra os requisitos do Direito Internacional, pode ser moralmente legitimada pelos benefícios que a democratização trazida pela intervenção proporcionaria, a análise empírica dos casos, como a realizada por Downes e Monten (2013), demonstra que não há evidência qualquer de que a democracia implantada por meio de intervenções militares estrangeiras redunde em avanços reais e duradouros do modelo de representatividade política do Estado invadido. Estados que sofrem troca de governo sob a ocupação de uma democracia interventora, em média, não ganham qualquer benefício significativo de caráter democrático.

Há alguns casos de êxito na implantação de regimes democráticos, como as intervenções na Alemanha Ocidental e no Japão, no imediato pós-Guerra da década de 1940. Alemanha e Japão estão hoje entre as democracias e economias mais vibrantes da comunidade internacional, mas são exceções à regra que legitimam o senso comum de que o modelo democrático poderia ser exportado com êxito por imposição – mesmo quando esta imposição tenha passado pela destruição em massa de populações inteiras, como as de Dresden, Tóquio, Hiroshima, Nagasaki e de tantas outras cidades que pereceram sob a mira equânime das armas das democracias aliadas.

No entanto, apesar de serem considerados exitosos os exemplos do pós-Segunda Guerra Mundial, é a deficiente situação política atual do Afeganistão e do Iraque – que ainda vivem o esforço de conquistar a legitimidade de seus novos governos em seus próprios territórios – que ilustra de forma mais precisa, segundo demonstram Downes e Monten (2013), o resultado médio alcançado pelas democracias instaladas por imposição estrangeira. Estas novas democracias costumam sofrer com a falta de representatividade de seus governos, fundados em instituições sociais frágeis, com a tendência de manter uma estrutura autocrática similar à vigente antes da mudança de regime.

Bruce Bueno de Mesquita e George Downs (2006) argumentam que, em média, os avanços políticos alcançados em um Estado como consequência da imposição da democracia por uma força externa interventora são meramente cosméticos. Segundo os autores, há um certo avanço democrático nestes Estados após a invasão, mas, em geral, eles costumam permanecer firmemente presos a uma estrutura política autocrática; e isto não seria por acaso, mas estaria diretamente relacionado aos interesses da força estrangeira responsável pela intervenção.

De acordo com os autores, uma vez que a meta principal dos líderes políticos das democracias é a de que o sucesso das intervenções no exterior lhes rendam votos nas eleições para cargos públicos, seria mais vantajoso para estes instalar um líder autoritário que governe o Estado alvo com o objetivo de atender aos interesses primários da nação interventora – como a garantia do livre mercado ou uma política armamentista específica – do que promover a construção de uma democracia efetiva que, tendo o dever de equilibrar os variados interesses nacionais, possa dificultar a obtenção do êxito que motivara primeiramente a intervenção.

Dessa forma, é possível perceber, com base em dados empíricos expressivos – embora ignorados em geral pelos formuladores de política externa –, que, no que concerne à manutenção da paz ou à promoção da guerra, as democracias têm comportamento equivalente àquele das autocracias, participando proporcionalmente do mesmo número de conflitos internacionais e praticando atrocidades e desrespeitando os direitos humanos na mesma proporção. Apesar disso, impera no senso comum, mesmo entre os especialistas e doutrinadores, a noção da paz democrática e a de que o respeito à paz é característica inerente aos regimes democráticos – decorrendo então, deste pensamento, a conclusão de que as democracias têm o direito, se não o dever, de contribuir para a segurança nas relações internacionais, intervindo naqueles Estados não democráticos para que seus sistemas políticos internos sejam adequados à necessidade das relações internacionais.

Por outro lado, no que concerne às consequências da exportação da democracia por meio da força, ainda que os estudos a este respeito sejam limitados na quantidade, os resultados são também eloquentes e apontam para a baixa qualidade do nível de participação política dos cidadãos nessas novas democracias, que, em média, tendem a manter um sistema interno autocrático similar ao vigente antes da intervenção estrangeira, tendo ainda que contabilizar os prejuízos humanos e econômicos acumulados decorrentes da ação militar contra seu país.

## 1.4 Meios alternativos para o avanço da democracia

Apesar dos problemas apresentados a respeito das consequências do expansionismo da democracia – e da crença de que a democracia é, por natureza, promotora da paz, ainda que a guerra possa ser necessária para que este objetivo seja alcançado –, é necessário observar que a democracia é o melhor regime que se conhece para a administração racional dos interesses de um povo, alicerçada que é no debate e na decorrente síntese das ideais apresentadas pela sociedade para a solução das necessidades que lhe apareçam. Apesar de suas falhas, a democracia é a melhor arma que a humanidade possui para evitar guerras.

No entanto, para isso, é necessária uma melhor compreensão do possível papel da democracia para o avanço da paz entre os Estados. Deve-se ultrapassar a atual interpretação da importância do avanço geográfico da democracia a todo custo como uma cruzada para pôr fim à barbárie da autocracia. A noção de que a democracia é uma espécie de novo fardo do homem branco – como aquele que promoveu a colonização dos povos periféricos pelas sociedades europeias então consideradas civilizadas –, ou seja, a noção de que os Estados democráticos têm o dever moral de lutar contra os governos autoritários de outros povos para que se adequem ao seu próprio padrão civilizacional deve ser exposta como nociva para a relação entre os Estados, uma vez que é, na realidade, apenas uma racionalização da moralidade que justifica a busca dos interesses de determinados Estados sobre os interesses de outros. Assim, não é que as democracias não tenham a obrigação moral de estender os benefícios do governo do povo aos demais povos da comunidade internacional. Mais do que isso, as democracias não têm o direito de exportar seu sistema político a outros por meio da força, ao custo humano alheio.

Encarnacion (2006) ensina que a promoção da democracia produz resultados mais efetivos – na forma do avanço de liberdades políticas e da paz – quando é praticada de forma deliberadamente livre de força, de coerção e de uma superior postura moralista. Algumas das melhores políticas de promoção da democracia durante o século XX foram baseadas em um encorajamento sutil e indireto, porém seguro e persistente, para reformas políticas, como a Operação Pan-Americana, a OPA, proposta por Juscelino Kubitschek e seguida, ainda que de forma limitada, pela política externa do governo de John Kennedy. Segundo Encarnacion (2006), o governo Kennedy aplicou à sua política para a América Latina o entendimento de que a democracia importada nunca seria tão importante, ou mesmo tão viável, quanto a democracia de tipo nacional. Talvez por isso Kennedy tenha enviado cubanos na invasão à baía dos porcos, apesar de o setor da Casa Branca responsável pelas relações com os países do sudeste asiático seguir entendimento diverso.

Assim, para conter o avanço na América Latina de autocracias promovidas por seu adversário no conflito bipolar – ainda que as ditaduras pró-Washington fossem toleradas, quando não patrocinadas –, Kennedy deu preferência, em grande medida, à guerra contra a pobreza e ao subdesenvolvimento, como fora aconselhado pela OPA de Kubitschek, com o objetivo de tornar a região mais apta ao desenvolvimento sustentado do regime democrático. O governo de Jimmy Carter, por sua vez, entendeu que conseguiria melhores resultados de seus vizinhos hemisféricos caso incentivasse os governos a apresentar melhores resultados relacionados à proteção dos direitos humanos, por exemplo, em vez de pressionar ditadores a agendar eleições pela força ou a adotar constituições democráticas.

O regime democrático não é perfeito, uma vez que é gestado por pessoas, mas é o melhor regime de poder que se conhece. Para que seus benefícios sejam melhor experimentados pela parcela do mundo que vive sob o jugo da tirania, os Estados democráticos têm o poder de promover de forma legítima e pacífica, com vistas mesmo ao seu benefício próprio, o avanço da democracia por meio do incentivo ao respeito aos direitos humanos; do auxílio econômico e educacional, que integra populações e promove a formação de classes médias mais conscientes de seus direitos; do empoderamento das sociedades civis, que constroem sociedades mais coesas e resistentes à opressão de um regime autoritário; do fortalecimento das organizações não-governamentais e das instituições nacionais; ou por meio de qualquer iniciativa que permita a formação interna da democracia, em um processo eminentemente endógeno, para que esta surja como resultado da síntese legítima dos interesses comuns do próprio povo que a irá empregar.

50

# 2 A IMPLANTAÇÃO DA DEMOCRACIA NO IRAQUE E A FORMAÇÃO DO ESTADO ISLÂMICO

Em 20 de março de 2003, uma coalizão militar composta por forças norte-americanas, britânicas, australianas e polonesas, sob a liderança dos Estados Unidos, invadiu o Iraque com o objetivo declarado de libertar o povo iraquiano do jugo de seu governante autocrata, Saddam Hussein, em nome da democracia; e de neutralizar o arsenal de destruição em massa cuja posse o governo daquele país era acusado de deter. Legitimados por seus regimes internos democráticos, os agressores ignoraram a burocracia do Conselho de Segurança das Nações Unidas e violaram a soberania iraquiana, certos de que seus fins eram mais justos que a rigidez do *jus ad bellum*.

Embora sem o amparo legal de uma resolução da ONU que autorizasse a guerra contra um de seus membros, as forças estrangeiras depuseram militarmente a ditadura de Hussein e implantaram em seu lugar um governo do povo, que surgiu assim por *fiat* na arena política do Iraque, qual um *deus ex machina* na dramaturgia grega, içado ao palco de uma tragédia no último ato, criando soluções prontas antes de construí-las. De forma previsível, este novo regime iraquiano tem fracassado não apenas na representação política de seu povo, mas principalmente na manutenção da segurança e da governabilidade de seu país.

A inexistência de instituições democráticas sólidas, ou mesmo de uma tradição política ampla – ainda que recente – de diálogo entre as tão diversas comunidades da complexa sociedade iraquiana, tem impedido o novo governo democrático do Iraque de encontrar suporte para desenvolver-se e substituir com êxito a velha tirania de Saddam Hussein em sua capacidade de manter a ordem e garantir o monopólio do uso da força no território. Esta falta de legitimidade a que foi condenada a democracia iraquiana por suas próprias forças internas – como pela importante minoria sunita, insatisfeita com a perda do prestígio que desfrutava durante o governo do partido Baath – é apenas uma entre as graves consequências da imposição do novo regime por forças estrangeiras.

Como resultado, a substituição do governo autoritário de Hussein – que controlava por meio da força os divergentes interesses de adversários históricos, como sunitas e xiitas – por uma débil democracia iraquiana em moldes ocidentais deu origem a perigosos vácuos de poder no país, rapidamente aproveitados por forças extremistas religiosas, que souberam catalisar as insatisfações políticas e sociais crescentes no Iraque para desenvolver suas atividades de insurgência logo após a invasão estrangeira em 2003.

Dessa forma, é possível demonstrar que a formação do contexto político e social que permitiu o surgimento do Estado Islâmico no vale dos rios Tigre e Eufrates decorreu, originalmente, da violação, por parte das democracias ocidentais, de algumas das mais altas normas de Direito Internacional Público – desenvolvidas especificamente para garantir a paz e a estabilidade entre os Estados.

## 2.1 A Carta das Nações Unidas e o uso da força contra o Iraque

Redigida e assinada durante a Conferência das Nações Unidas sobre Organização Internacional, em junho de 1945, A Carta das Nações Unidas é um tratado constitutivo que, ratificado por seus signatários, passa a integrar os ordenamentos jurídicos dos estados-membros, sob suas Constituições internas. No Brasil, a Carta foi ratificada em setembro e promulgada em outubro de 1945, em um dos últimos atos oficiais do governo do Estado Novo de Getúlio Vargas.

Com a ratificação do tratado pelos cinco estados-membros permanentes do Conselho de Segurança da nova organização, assim como pela maioria dos demais 45 signatários originais, a Carta da ONU entrou em vigor internacional em 24 de outubro do mesmo ano, quando passou, segundo o que determina seu capítulo XVI, a prevalecer sobre qualquer outra obrigação internacional acordada por um de seus membros. Nos termos do art. 103 do documento, "[no] caso de conflito entre as obrigações dos membros das Nações Unidas, em virtude da presente Carta e as obrigações resultantes de qualquer outro acordo internacional, prevalecerão as obrigações assumidas em virtude da presente Carta" (ORGANIZAÇÃO DAS NAÇÕES UNIDAS, 1945).

Por sobrepor-se assim a todos os demais acordos entre os estados-membros, a Carta das Nações Unidas é considerada o tratado internacional de mais alto nível, e trata de temas de grande importância para o relacionamento entre as nações, como as garantias para a manutenção da paz no mundo. Diferente de sua fracassada antecessora, a Liga das Nações, que não lograra impedir a escalada das rivalidades entre as potências durante as décadas de 1920 e 1930, a nova Organização das Nações Unidas apresentava dispositivos concretos para impedir o surgimento de uma nova temporada de guerra geral após 1945, com o agravante da então nascente Era Nuclear.

Dentre estes dispositivos, os mais importantes são aqueles que limitam as situações em que a agressão entre Estados pode ser considerada legal. Assim, em seu art. 2.4, a Carta estabelece que "Todos os membros deverão evitar em suas relações internacionais a ameaça ou o uso da força contra a integridade territorial ou a dependência política de qualquer Estado, ou qualquer outra ação incompatível com os Propósitos das Nações Unidas" (ORGANIZAÇÃO DAS NAÇÕES UNIDAS, 1945).

Sob este regime estabelecido pela Carta da ONU após a Segunda Guerra Mundial, e válido até hoje, há apenas duas situações em que o uso da força nas relações internacionais é permitido: quando a força for usada em legítima defesa individual ou coletiva, em caso de ataque armado; ou quando o Conselho de Segurança das Nações Unidas usar ou autorizar o uso da força para a manutenção ou para o reestabelecimento da paz e da segurança internacionais. Caso não esteja presente qualquer destes dois requisitos do Capítulo VII da referida Carta, o uso da força será ilegal e o responsável estará consequentemente sujeito às sanções previstas no documento.

## 2.1.1 O uso da força em legítima defesa

A Carta das Nações Unidas reconhece o direito inerente dos Estados à legítima defesa até que o Conselho de Segurança tenha tomado as medidas necessárias para reestabelecer a ordem anterior à ruptura da estabilidade. Segundo garante seu art. 51:

> Nada na presente Carta prejudicará o direito inerente de legítima defesa individual ou coletiva no caso de ocorrer um ataque armado contra um membro das Nações Unidas, até que o Conselho de Segurança tenha tomado as medidas necessárias para a manutenção da paz e da segurança internacionais. As medidas tomadas pelos membros no exercício desse direito de legítima defesa serão comunicadas imediatamente ao Conselho de Segurança e não deverão, de modo algum, atingir a autoridade e a

responsabilidade que a presente Carta atribui ao Conselho para levar a efeito, em qualquer tempo, a ação que julgar necessária à manutenção ou ao restabelecimento da paz e da segurança internacionais (ORGANIZAÇÃO DAS NAÇÕES UNIDAS, 1945).

Nos termos do citado artigo, a condição principal e necessária para que este direito à legítima defesa possa ser exercido dentro da legalidade é a existência de um ataque armado que motive a reação aqui prevista. No entanto, apesar de ser clara a interpretação literal da expressão "ataque armado" transcrita na Carta, uma parte da doutrina entende que o texto do art. 51 permitiria também alguma espécie de legítima defesa em relação a um ataque armado não presente e real, mas iminente, projetado.

Durante o caso Caroline, segundo relata Marjorie M. Whiteman (1965), o secretário de Estado norte-americano Daniel Webster cunhara uma das mais reconhecidas definições para as condições necessárias à legítima defesa antecipada em uma carta enviada ao governo do Reino Unido em 1842 tratando sobre o incidente em que forças britânicas violaram as fronteiras dos Estados Unidos no rio Niágara e capturaram a embarcação USS Caroline, que levava armas e auxílio para um grupo rebelde que pretendia declarar a independência do Canadá em relação a Londres. De acordo com Whiteman (1965), Daniel Webster postulara no referido documento que o exercício da legítima defesa só seria justificado quando a necessidade de ação for: "instant, overwhelming, and leaving no choice of means, and no moment for deliberation" (WHITEMAN, 1965, p. 972).

De acordo com o que ensinam Robert Jennings e Arthur Watts (1996), a interpretação mais bem aceita a respeito deste tema é a de que ações em legítima defesa antecipada são em geral ilegais, apesar de haver exceções dependendo da ocasião – em especial, relacionadas à gravidade do problema e à real necessidade de uma ação preventiva como o único meio de eliminar a ameaça de agressão. Segundo os autores, os requisitos de necessidade e proporcionalidade da ação em legítima defesa devem ser ainda mais rigidamente observados quando a atividade tratar-se de medida preventiva. Assim, Jennings e Watts delimitam da seguinte forma os requisitos para que ações em legítima defesa sejam justificáveis:

> In conditions of modern hostilities it is unreasonable for a state always to have to wait until an armed attack has begun before taking defensive action. States have in practice invoked the plea of

self-defence to justify action begun to forestall what they regard as an imminent threatened attack. The development of the law, particularly in the light of more recent state practice, in the 150 years since the Caroline incident suggests that action, even if it involves the use of armed force and the violation of another state's territory, can be justified as self defence under international law where: (a) an armed attack is launched, or is immediately threatened, against a state's territory or forces (and probably its nationals); (b) there is an urgent necessity for defensive action against that attack; (c) there is no practicable alternative to action in self-defence, and in particular another state or other authority which has the legal powers to stop or prevent the infringement does not, or cannot, use them to that effect; (d) the action taken by way of self-defence is limited to what is necessary to stop or prevent the infringement, i.e. to the needs of defence; and (e) in the case of collective self-defence, the victim of an armed attack has requested assistance (JENNINGS; WATTS, 1996, p. 422).

Portanto, seguindo a doutrina citada, percebemos que a ação em legítima defesa será compreendida como tal apenas quando o seu objetivo for repelir uma agressão armada real ou iminente, em situação na qual este recurso bélico seja necessário e urgente para a proteção do Estado alvo da ameaça, não havendo alternativa ao conflito. Ainda, esta ação militar defensiva deve ser proporcional ao ataque, estando limitada ao que for necessário para interromper ou evitar a agressão – uma vez que é, antes de tudo, uma manobra de defesa.

Neste caso da chamada legítima defesa antecipada, segundo o entendimento de Javier Leon Diaz (2002), o ônus da prova recai sobre o governo que invoca o direito de assim proceder, devendo este demonstrar de forma convincente a existência de uma ameaça direta de ataque iminente contra sua integridade e a inexistência de alternativa eficaz para o uso da força em sua defesa. Neste aspecto, de acordo com o que sustenta o autor:

> The burden of proof is on the Government to demonstrate the existence of a pressing and direct threat. It would also need to show that there is no effective alternative to the use of force. In the absence of convincing

evidence of future attacks, however, responsive force could amount to unlawful reprisals or punishment. Thus, international law continues to prohibit preemptive self-defense or even anticipatory self-defense, if that is understood to be different from responding to incipient attacks or ongoing campaigns. In other words, a state may not take military action against another state when an attack is only a hypothetical possibility, and not yet in progress (DIAZ, 2002).

Logo, o entendimento de Diaz, confirmando a doutrina anteriormente apresentada, é o de que o Direito Internacional Público proíbe a ação em legítima defesa antecipada, caso esta mobilização não esteja direcionada especificamente a interromper ou impedir uma agressão que, já em desenvolvimento, esteja em vias de causar danos à integridade do Estado alvo. Assim, a simples possibilidade hipotética de um ataque armado, que não esteja ainda em progresso, não gera o direito, segundo a doutrina, de um Estado agir em legítima defesa antecipada. Tal ação preventiva, por não poder ser considerada defensiva, representaria uma agressão internacional ilegal, sujeita, esta sim, às sanções previstas no Capítulo VII da Carta das

Nações Unidas.

## *2.1.2 O uso da força autorizado pelo Conselho de Segurança das Nações Unidas*

A única outra forma legalmente reconhecida – além da legítima defesa – para o uso da força internacional é a ação exercida pelo Conselho de Segurança da ONU, ou simplesmente autorizada por este, com o objetivo de manter ou reestabelecer a paz e a segurança entre os Estados, de acordo com as responsabilidades atribuídas ao CSNU pelo Capítulo VII da Carta, que, em seus art. 41 e 42, estabelece:

> O Conselho de Segurança decidirá sobre as medidas que, sem envolver o emprego de forças armadas, deverão ser tomadas para tornar efetivas suas decisões e poderá convidar os membros das Nações Unidas a aplicarem tais medidas. Estas poderão incluir a interrupção completa ou parcial das relações econômicas, dos meios de comunicação ferroviários, marítimos, aéreos, postais, telegráficos, radiofônicos, ou de outra qualquer espécie e o rompimento das relações diplomáticas.

No caso de o Conselho de Segurança considerar que as medidas previstas no artigo 41 seriam ou demonstraram que são inadequadas, poderá levar e efeito, por meio de forças aéreas, navais ou terrestres, a ação que julgar necessária para manter ou restabelecer a paz e a segurança internacionais. Tal ação poderá compreender demonstrações, bloqueios e outras operações, por parte das forças aéreas, navais ou terrestres dos membros das Nações Unidas (ORGANIZAÇÃO DAS NAÇÕES UNIDAS, 1945).

Contudo, nem todos os atos de agressão internacional não solucionados por legítima defesa dão origem a uma resposta do CSNU nos moldes do que dispõe o Capítulo VII da Carta da ONU. Segundo Jean Allain (2004), o sistema coletivo de segurança instituído em 1945 é limitado pelo fato de que, antes de responder a uma determinada violação da paz internacional, o Conselho de Segurança deve primeiro reconhecer a existência ou não da suposta agressão. Tal reconhecimento, por sua vez, para ser aprovado, necessita de nove votos positivos entre os quinze membros do CSNU, sem que qualquer dos cinco membros permanentes – com direito a veto no Conselho –

vote de forma contrária à resolução em análise.

> It should be made clear here that the system established by the United Nations Charter is not a "pure" collective security arrangement, as not all threats to or breaches of the peace or acts of aggression necessitate the activating of Chapter VII. The Charter's collective security system is restricted by the fact that the Council must first make a de- termination that situations which affect international peace and security do, in fact, exist. Further it must do so by majority vote. Making such a determination, however, is limited by the requirement of receiving both a majority vote of the fifteen members and no negative votes of the five permanent members, thus effectively providing those five members with the ability to veto the passage of any Security Council resolution (ALLAIN, 2004, p. 245).

Assim, a definição daquilo que representa ou não um ato de ruptura ilegal da paz entre os Estados resta influenciada pelas circunstâncias políticas que determinam os interesses dos estados-membros votantes, especialmente daqueles detentores do direito ao veto no Conselho de Segurança, uma vez que o art. 27 da Carta da ONU determina que as votações no CSNU devem proceder com as seguintes regras:

1. Cada membro do Conselho de Segurança terá um voto.

2. As decisões do conselho de Segurança, em questões processuais, serão tomadas pelo voto afirmativo de nove membros.

3. As decisões do Conselho de Segurança, em todos os outros assuntos, serão tomadas pelo voto afirmativo de nove membros, inclusive os votos afirmativos de todos os membros permanentes, ficando estabelecido que, nas decisões previstas no Capítulo VI e no parágrafo 3 do artigo 52, aquele que for parte em uma controvérsia se absterá de votar (ORGANIZAÇÃO DAS NAÇÕES UNIDAS, 1945).

Não obstante, para que a força possa ser usada de forma legal e legítima no âmbito do relacionamento entre as nações, à exceção da legítima defesa, é imprescindível o reconhecimento da necessidade de ação por parte do CSNU e a edição de uma resolução do Conselho determinando de que forma e sob quais limites o uso da força será autorizado para solucionar o conflito em questão e eliminar a ameaça à ordem internacional.

### 2.1.3 O uso da força contra o Iraque em 2003

Em novembro de 1990, após a invasão ao Kuwait iniciada pelo Iraque de Saddam Hussein em agosto daquele ano, o Conselho de Segurança da ONU, sob a responsabilidade que lhe atribui o Capítulo VII da Carta das Nações Unidas, autorizou, por meio de sua resolução 678, o uso de todos os meios necessários para que a agressão iraquiana fosse vencida e para que a paz e a segurança fossem reestabelecidas no golfo Pérsico. De acordo com o texto desta resolução, que mencionava diretamente a anterior resolução 660 e sua exigência de uma solução imediata para o conflito na região, o CSNU:

> 1. Demands that Iraq comply fully with resolution 660 (1990) and all subsequent relevant resolutions, and decides, while maintaining all its decisions, to allow Iraq one final opportunity, as a pause of goodwil, to do so;

2. Authorizes Member States co-operating with the Government of Kuwait, unless Iraq on or before 15 January 1991 fully implements, as set forth in paragraph 1 above, the above-mentioned resolutions, to use all necessary means to uphold and implement resolution 660 (1990) and all subsequent relevant resolutions and to restore international peace and security in the area (ORGANIZAÇÃO DAS NAÇÕES UNIDAS, 1990).

A operação militar que se seguiu, denominada de "Tempestade no Deserto", com a participação decisiva das forças armadas norte-americanas, representou a materialização do dispositivo de defesa da paz presente no art. 42 da Carta. O Conselho de Segurança autorizou o uso da força internacional, dentro dos limites de sua responsabilidade, para que um ataque armado fosse interrompido e a paz fosse reinstaurada em uma área conflagrada. Libertado o Kuwait da ocupação militar iraquiana, o CSNU emitiu nova resolução, delineando as obrigações das partes do cessar-fogo e apresentando as medidas necessárias para a manutenção da paz no golfo Pérsico. Dentre as determinações da resolução 687, de 1991, o CSNU:

Decides that Iraq shall unconditionally accept the destruction, removal, or rendering harmless, under international supervision, of:

(a) All chemical and biological weapons and all stocks of agents and all related subsystems and components and all research, development, support and manufacturing facilities;

(b) All ballistic missiles with a range greater than 150 kilometres and related major parts, and repair and production facilities (ORGANIZAÇÃO DAS NAÇÕES UNIDAS, 1991).

No entanto, com a relativa obediência do governo iraquiano aos termos da paz imposta pelas Nações Unidas, nenhuma resolução subsequente foi aprovada pelo Conselho de Segurança com o objetivo de romper o cessar-fogo e implementar uma possível busca e destruição forçada das eventuais armas químicas e biológicas que restassem em poder do regime de Saddam Hussein. Segundo ensinam Michael Ratner e Jules Lobel (2002), a autorização para o uso da força contra o Iraque pelo Conselho de Segurança em 1990 perdera sua validade com o cessar-fogo em 1991 e a aprovação da mencionada resolução 687.

> Following the formal cease-fire recorded by Resolution 687 in 1991, there has been no Security Council resolution that has clearly and specifically authorized the use of force to enforce the terms of the cease-fire, including ending Iraq's missile and chemical, biological, and nuclear weapons programs. Such a resolution is required for renewed use of force. It is the Security Council that has assumed responsibility regarding Iraq, and it must be the Security Council that decides, unambiguously and specifically, that force is required for enforcement of its requirements (RATNER; LOBEL, 2002).

Assim, caso fosse necessária nova mobilização militar contra as forças iraquianas, excetuada a hipótese de ação em legítima defesa contra um novo ataque armado, prevista no art. 51 da Carta da ONU, seria imprescindível a aprovação de nova resolução por parte do CSNU, uma vez que, pelo termos do art. 51 da Carta, que atribui ao Conselho de Segurança o dever de estabelecer diretrizes para a manutenção da paz após o fim das agressões; e pelas determinações da resolução 687, que apresenta tais diretrizes para o caso concreto da crise no golfo Pérsico; a responsabilidade pela estabilidade na região já não se sustentava sobre os comandos militares dos Estados que deflagraram a retomada do Kuwait, mas sobre o poder decisório do colegiado internacional mais importante em relação à manutenção da paz entre os povos, o Conselho de Segurança das Nações Unidas.

> Also relevant is that the Security Council authorized an armed response to Iraq's invasion of Kuwait in 1990, and then, after the termination of hostilities, required Iraq to end its missile and chemical, biological, and nuclear weapons programs. Thus under Article 51 "the Security Council has taken measures necessary to maintain international peace and security," and the right of self-defense against an armed attack, applicable until the Security Council has done so, is no longer in effect (RATNER; LOBEL, 2002).

No entanto, após os ataques terroristas de 11 de setembro de 2001, a política de segurança norte-americana tomou contornos conjunturais diferentes – mais centrados na necessidade de defesa por meio de ações militares contra Estados que, de alguma forma, fossem aliados das organizações terroristas que ameaçavam a integridade dos Estados Unidos. Sob o governo do presidente republicano George Walker Bush, os Estados Unidos assumiram uma posição mais assertiva a respeito da tolerância a regimes que não se configurassem como seus aliados estratégicos na política internacional, em um exemplo de como a política externa de um Estado pode ser alterada frente a uma crise de segurança da magnitude daquela vivida pelo país em 2001.

Uma das consequências deste novo posicionamento do governo dos Estados Unidos em relação à segurança foi o desenvolvimento do que ficou conhecido como a "Doutrina Bush", uma nova abordagem sobre o uso das forças armadas do país em suas relações internacionais que priorizava a obtenção de êxitos estratégicos por meio de ataques preventivos. De acordo com a lógica desta nova doutrina, os Estados Unidos não mais esperariam em paz por ataques de forças estrangeiras sobre seu território, mas defenderiam sua segurança nacional por meio de ações militares voltadas a destruir ou enfraquecer os grupos armados considerados inimigos por Washington – e os Estados que lhes oferecessem proteção – antes que novos ataques contra os EUA pudessem ser executados.

Contudo, no regime de segurança estabelecido pela Carta das Nações Unidas em 1945, não resta espaço para ações militares preventivas. É ilegal toda forma de ataque ou ameaça a qualquer estado-membro, quando não respaldada pelo Capítulo VII do documento; e agressões preventivos não estão ali previstas como legítimas. Como vimos, mesmo a legítima defesa antecipada somente será legal caso seja posta em prática em oposição a ataque armado iminente, já em progresso. Assim, a tentativa de enquadrar o Iraque nesta nova abordagem de defesa do governo Bush foi frustrada pelos posicionamentos no Conselho de Segurança contrários à aprovação de resoluções que permitissem novas ações militares destinadas a depor o governo de Saddam Hussein, considerado pelos Estados Unidos como protetor e aliado de grupos terroristas que, como a al-Qaeda, planejavam realizar novos ataques contra o Ocidente.

As diversas investigações da Agência Internacional de Energia Atômica a partir de 2001, apesar de encontrarem limites à extensão de sua liberdade de atuação em território iraquiano, não descobriram provas de que o governo de Saddam Hussein mantinha arsenais ilegais sob sua posse, como defendiam os serviços de inteligência norte-americanos. Contudo, as dificuldades impostas pelo governo iraquiano aos investigadores das agências internacionais motivaram o CSNU a aprovar uma nova resolução em 2002 com o objetivo de pressionar o Iraque a apresentar garantias sólidas à comunidade internacional de que não armazenava armas de destruição em massa em segredo. Segundo o texto desta resolução 1441, adotada pelo Conselho em oito de novembro de 2002:

> The Security Council,
>
> [...] Recognizing the threat Iraq's non-compliance with Council resolutions and proliferation of weapons of mass destruction and long-range missiles poses to international peace and security [...],
>
> 1. Decides that Iraq has been and remains in material breach of its obligations under relevant resolutions, including resolution 687 (1991), in particular through Iraq's failure to cooperate with United Nations inspectors and the IAEA, and to complete the actions required under paragraphs 8 to 13 of resolution 687 (1991);

2. Decides, while acknowledging paragraph 1 above, to afford Iraq, by this resolution, a final opportunity to comply with its disarmament obligations under relevant resolutions of the Council; and accordingly decides to set up an enhanced inspection regime with the aim of bringing to full and verified completion the disarmament process established by resolution 687 (1991) and subsequent resolutions of the Council [...] (ORGANIZAÇÃO DAS NAÇÕES UNIDAS, 2002).

Apesar de a resolução 1441 não autorizar o uso da força contra o Iraque, apenas estabelecendo novas diretrizes para investigações mais profundas dos meios militares do país, o governo Bush interpretou-a como a melhor justificativa para uma ação contra Saddam Hussein, uma vez que novas propostas de resolução demandando intervenções armadas diretas contra o Iraque não eram aprovadas pelo Conselho de Segurança. Invocando seu direito à legítima defesa preventiva – não reconhecido pela Carta da ONU – e a necessidade de ação militar contra o Iraque em decorrência do desrespeito deste às determinações anteriores do Conselho de Segurança – apesar de o próprio Conselho nunca ter aprovado nova agressão contra a integridade da república iraquiana – uma aliança formada por Estados Unidos, Reino Unido, Austrália e Polônia deu início à invasão que, em 2003, venceu as forças armadas do país árabe e depôs o governo autocrático de Saddam Hussein.

Como destacaram Ratner e Lobel ainda em 2002, meses antes do início da guerra – durante a fase de preparação para o conflito, em que o governo Bush buscava as melhores justificativas para respaldar seu intento de substituir o governo de Saddam Hussein por aquele de uma democracia aliada a Washington –, a simples violação dos termos do cessar-fogo por parte do Iraque, como apontado pela resolução 1441, não representa justificativa legítima para uma ação armada contra seu território. Uma nova resolução do Conselho de Segurança, com a autorização específica para o uso da força, deveria ter sido aprovada para que a ação militar de 2003 pudesse ter sido considerada legal dentro do regime de segurança da ONU.

> Any claim that "material breach" of cease fire obligations by Iraq justifies use of force by the United States is unavailing. The Gulf War was a Security Council authorized action, not a state versus state conflict; accordingly, it is for the Security Council to determine

whether there has been a material breach and whether such breach requires renewed use of force [...].

Under the UN Charter, there are only two circumstances in which the use of force is permissible: in collective or individual self-defense against an actual or imminent armed attack; and when the Security Council has directed or authorized use of force to maintain or restore international peace and security. Neither of those circumstances now exist. Absent one of them, U.S. use of force against Iraq is unlawful (RATNER; LOBEL, 2002).

Logo, resta a conclusão de que a coalizão militar que ocupou o Iraque a partir de 2003, depôs o governo ditatorial de Saddam Hussein e instalou as raízes da nova democracia iraquiana agiu em violação dos termos da Carta das Nações Unidas e das resoluções do Conselho de Segurança que trataram do cessar-fogo após a Guerra do Golfo. Assim, a Guerra do Iraque representou um uso ilegal da força contra um estado-membro da ONU, justificado pelos agressores como eram justificadas as ocupações da África e da Ásia por potências europeias no século XIX: a guerra como o custo da propagação da civilização para povos menos favorecidos, o "fardo do homem branco". De forma ilegal, regimes democráticos ocidentais invocaram a superioridade da democracia para violar os direitos e a integridade de um parceiro nas relações internacionais, em nome da expansão geográfica da democracia a qualquer custo.

## 2.2 A democracia iraquiana e o Estado Islâmico

Em 2003, quando Saddam Hussein governava o Iraque de forma autocrática e uma coalisão de forças armadas ocidentais invadiu o país com o objetivo oficial duplo de contribuir para a paz internacional – por meio da captura do arsenal de armas de destruição em massa que o regime de Hussein supostamente teria armazenado em segredo – e de contribuir para o desenvolvimento social e humano no Oriente Médio – por meio da democratização do Iraque que, além de proporcionar um avanço político para os iraquianos, representaria um foco de disseminação da democracia para outros Estados da região –, a nota do Iraque no índice de direitos políticos elaborado pela *Freedom House* (2003), em seu relatório anual *Freedom in the World,* era sete, a pior nota possível em um índice que mede a liberdade dos povos de cada país em uma escala de um a sete.

Passados mais de doze anos da invasão ocidental e contabilizado um número superior a duzentos mil mortos civis e militares, de acordo com o projeto *Iraq Body Count* (2015); a nota do país na edição de 2015 do mesmo índice de direitos políticos *Freedom in the World* é seis. Comparada ao custo em vidas e em recursos, a contribuição da nova democracia para o avanço da liberdade política dos cidadãos iraquianos é praticamente nula. Em 2016, o Iraque é uma democracia assolada pela corrupção endêmica, que persegue a oposição e reprime protestos sunitas por maior representatividade.

Das insatisfações internas com o novo regime democrático iraquiano e da incapacidade deste novo governo de formar uma unidade, ainda que pela violência, para a garantia do monopólio do uso da força dentro de suas fronteiras, surgiu a atual instabilidade política e social que demonstra que um governo democrático, baseado no equilíbrio entre os divergentes interesses e objetivos de uma sociedade, deve ser cuidadosamente construído a partir das fundações do diálogo e da legitimidade de instituições que, superiores aos interesses individuais das comunidades, transmitam confiança às partes. Mas a nova democracia iraquiana não se sustenta em instituições ou no diálogo amplo, mas no concerto entre algumas das principais forças políticas daquele país tão diverso, patrocinadas pelas democracias estrangeiras que ilegalmente invadiram o país e causaram a morte de dezenas de milhares de iraquianos, gerando como resultado o desequilíbrio e a instabilidade política que o país vive hoje

A incapacidade do atual governo iraquiano de exercer sua soberania de forma eficaz sobre todo seu território – especialmente conflagrado com a participação de diversos grupos islâmicos radicalizados que se multiplicaram com o vácuo de poder após a invasão em 2003 – é uma ameaça real à estabilidade política do Oriente Médio. No noroeste do país, o Estado Islâmico – um grupo salafista radical – conta com o apoio de parte da população sunita local descontente com o governo de Bagdá e desenvolve seu próprio Estado, que ultrapassa a fronteira iraquiana com a Síria, fomentando o terrorismo internacional e pregando a mensagem apocalíptica islâmica de uma nova ordem política.

Paradoxalmente, o Estado Islâmico deve as bases políticas e sociais de sua formação à estratégia ocidental de propagação da democracia por meio da força. Ao deixarem de lado as alternativas pacíficas para a democratização segura e gradativa de seus parceiros autocráticos nas relações internacionais, os Estados democráticos adeptos do militarismo, e da expansão geográfica do governo do povo a qualquer custo, escolheram o caminho mais curto, mas mais arriscado, para a instalação de novos governos onde os antigos não lhes fossem aliados. Contudo, em alvos como o Afeganistão e o Iraque, a estratégia militar ocidental provou-se fracassada, pois os frutos das intervenções foram governos fracos, responsáveis pela expansão de vácuos de poder – em especial nos vales da Mesopotâmia – onde grupos radicais, como o Estado Islâmico, encontraram refúgio para fortalecer-se e ameaçar a segurança internacional mais ainda que a velha autocracia de Saddam Hussein foi capaz.

# 3 ANÁLISE DA DEFINIÇÃO DO ESTADO ISLÂMICO COMO UM ESTADO WEBERIANO

No primeiro dia do mês sagrado islâmico do ramadã de 2014 – 29 de junho no calendário gregoriano –, alguns meses após o rompimento de suas relações com a al-Qaeda, o grupo terrorista sunita denominado de Estado Islâmico do Iraque e da Síria autoproclamou-se o califado mundial, um Estado soberano que reivindicava autoridade sobre todos os muçulmanos. Mudou seu nome para, simplesmente, Estado Islâmico e apontou seu líder, Abu Bakr al-Baghdadi, como o califa. O grupo acentuou sua participação nos confrontos aos governos do Iraque e da Síria, tomando cidades, apropriando-se de importante infraestrutura regional, capturando e executando dissidentes e populações de minorias religiosas, atraindo, com isso, a atenção dos governos locais e do Ocidente para a sua existência.

Diante de tal circunstância, as lideranças políticas e a mídia ocidentais passaram a reconhecer a ameaça que aquele grupo, até então considerado um ramo menos importante da al-Qaeda, poderia representar para a ordem internacional na região. Em comunicado oficial publicado em setembro de 2014, quando o Estado Islâmico ameaçava de genocídio diversas populações na região entre os rios Tigre e Eufrates, como os curdos iazidis, Barack Obama declarou, visando à desconstrução do oponente, que o Estado Islâmico não era um Estado nem era islâmico.

> Now let's make two things clear: ISIL is not "Islamic". No religion condones the killing of innocents. And the vast majority of ISIL's victims have been Muslim. And ISIL is certainly not a state. It was formerly al Qaeda's affiliate in Iraq, and has taken advantage of sectarian strife and Syria's civil war to gain territory on both sides of the Iraq-Syrian border (OBAMA, 2014).

A declaração do presidente dos Estados Unidos pode ser considerada politicamente compreensível – interessada em levar dano à propaganda daquele grupo que tanto prejuízo já trazia para a ordem internacional, assim como para as ordens internas de diversos Estados –, porém, cientificamente, suas palavras podem ser demonstradas como equivocadas. Diversas religiões promovem a morte de inocentes e a História é pródiga em exemplos, especialmente entre as religiões abraâmicas. Reconhecer esta realidade é importante para a compreensão precisa do fenômeno em análise, como escreveu Graeme Wood ao *The Atlantic*.

> The Islamic State, also known as the Islamic State of Iraq and al-Sham (ISIS), follows a distinctive variety of Islam whose beliefs about the path to the Day of Judgment matter to its strategy, and can help the West know its enemy and predict its behavior. [...] The reality is that the Islamic State is Islamic. Very Islamic. Yes, it has attracted psychopaths and adventure seekers, drawn largely from the disaffected populations of the Middle East and Europe. But the religion preached by its most ardent followers derives from coherent and even learned interpretations of Islam (WOOD, 2015).

Embora o Estado Islâmico siga uma interpretação da religião que guarda pouco em comum com as vertentes mais progressistas pregadas nos centros mais globalizados, o

Islamismo não é unificado, não há interpretação central que marginalize as divergentes. Assim, os fundadores do Estado Islâmico, como os da al-Qaeda, são sunitas que seguem um ramo mais radical da religião, o movimento milenarista reformista conhecido como salafismo – comumente relacionado ao jihadismo internacional e também conhecido como wahhabismo, embora este último termo seja considerado pejorativo.

No entanto, apesar desta aparente marginalidade do movimento, o salafismo é seguido na Arábia Saudita desde sua fundação como a forma oficial de Islamismo no país, além de ser majoritário também no Catar. Assim, da mesma forma que a família Saud é reconhecida tradicionalmente como muçulmana sunita, apesar de seu histórico relacionado aos Direitos Humanos, não há razão para que os integrantes do Estado Islâmico também não o sejam – embora possa ser defendido como moralmente louvável o objetivo da declaração de Barack Obama de dar legitimidade às vertentes mais progressistas da religião, em detrimento das mais radicais e conservadoras.

Assim, da mesma forma que os adversários do Estado Islâmico, como parte de um discurso político voltado à desconstrução do inimigo, negam a clara identificação islâmica do grupo; também, pela mesma argumentação *ad hominem*, negam o seu caráter estatal. Contudo, apesar de politicamente os Estados serem unânimes em condenar ao não reconhecimento esta estrutura estatal voltada à expansão de um modelo totalitário teocrático que, a princípio, também nega a existência de todos os demais Estados, cientificamente os acadêmicos devem ater-se à objetividade dos conceitos para uma aplicação racional e confiável destes aos casos em estudo.

Superada a disputa a respeito da identificação religiosa do grupo em análise, é importante perceber que, além de islâmico, o Estado Islâmico também é um Estado, embora falte-lhe o reconhecimento dos demais. Assim, o objetivo deste capítulo é detalhar de que forma a noção de Estado foi conceituada na obra do jurista e sociólogo prussiano Max Weber, analisar em que sentido a instituição estabelecida pelo grupo autodenominado de Estado Islâmico funciona atualmente como um Estado na porção mais setentrional da Mesopotâmia e demonstrar a aplicação da teoria weberiana a esta experiência.

## 3.1 O conceito de Estado segundo Max Weber

Ao desenvolver seu conceito de Estado como comunidade humana – construído em oposição à metafísica do Estado presente então na teoria do Estado alemã – Max Weber buscava uma definição científica, livre de ideologias, que não objetivasse conceituar o Estado por seus fins, mas que procurasse defini-lo sociologicamente a partir dos meios inerentes a ele. A tese à qual chegou o sociólogo prussiano a respeito desta realidade social foi a de que o Estado moderno só poderia ser sociologicamente compreendido em termos do uso da força física. Como ensina Alvaro Bianchi, citando Max Weber e sua esposa, Marianne Weber.

> Max Weber procurou [...] demonstrar que "o recurso específico, embora não o único do Estado foi, em todos os tempos, a dominação baseada na violência física legítima, e que a política sempre significa a luta por uma parte do poder político" [...]. A exposição de Max Weber parece estar dirigida não apenas contra movimentos políticos que tinham lugar à época, como também contra a metafísica do Estado corrente na *Staatslehre* [...]. Descartando assim toda definição que remetesse aos fins do Estado, procurou uma definição sociológica nos meios que seriam próprios a este: "Em última análise só

podemos definir o Estado moderno sociologicamente em termos dos meios específicos peculiares a ele, como peculiares a toda associação política (*politischen Verband*), ou seja, o uso da força física"[...]. E, a seguir, apresentou seu conhecido conceito: "O Estado é aquela comunidade humana que, dentro de determinado território – este, o 'território', faz parte de suas características – reclama para si (com êxito) o monopólio da coação física legítima" (BIANCHI, 2014, p. 83-84).

Ao analisar o uso da força pelo Estado segundo o raciocínio maquiaveliano, Filomeno Moraes (2013) ensina que:

> [...] o Estado só mantém a autoridade por meio de um retorno contínuo ao momento da origem, isto é, à renovação da experiência do "medo" e da "punição", do acontecimento originário da fundação. Na origem da lei, está a violência, cuja função é proporcionar a legitimação do seu exercício pelo aparato estatal – a única forma de preservar da ruína a vida política (MORAES, 2013, p. 774).

O uso da força certamente não é o único atributo do Estado, principalmente em sua concepção contemporânea, mas, segundo Weber, o uso legítimo da força é sua atribuição exclusiva, o meio específico e peculiar a ele, essencial para sua existência e conceito. Assim, o Estado foi definido como uma comunidade humana que possui o monopólio do uso legítimo da força física dentro de um determinado território. Poderíamos concluir então que a noção essencial do conceito de Estado esvaziar-se-ia caso a violência, organizada em instituições sociais, não existisse. Como destacou Weber em 1918 na conferência *Politik als Beruf.*

"Jeder Staat wird auf Gewalt gegründet", sagte seinerzeit Trotzky in Brest-Litowsk. Das ist in der Tat richtig. Wenn nur soziale Gebilde bestanden, denen die Gewaltsamkeit als Mittel unbekannt wäre, dann würde der Begriff "Staat" fortgefallen sein, dann wäre eingetreten, was man in diesem besonderen Sinne des Wortes als "Anarchie" bezeichnen würde. Gewaltsamkeit ist natürlich nicht etwa das normale oder einzige Mittel des Staates: – davon ist keine Rede –, wohl aber: das ihm spezifische. Gerade heute ist die Beziehung des Staates zur Gewaltsamkeit besonders intim. In der Vergangenheit haben die verschiedensten Verbände – von der Sippe angefangen – physische Gewaltsamkeit als ganz normales Mittel gekannt. Heute dagegen werden wir sagen müssen: Staat ist diejenige menschliche Gemeinschaft, welche innerhalb eines bestimmten Gebietes – dies: das "Gebiet" gehört zum Merkmal – das **Monopol legitimer physischer Gewaltsamkeit** für sich (mit Erfolg) beansprucht (WEBER, 1919, p. 397, grifo do autor).

Essa dominação geograficamente limitada do uso da força sobre uma sociedade pelas lideranças de uma associação política é o que primeiro define um Estado. Esse pressuposto é fundamental para a compreensão da sociologia da dominação como exposta na obra de Max Weber. De acordo com Weber (1919), é certo que, em casos específicos, este direito ao uso da força poderá ser delegado a outras instituições ou mesmo indivíduos; no entanto, apenas poderá ser exercido dentro dos limites determinados e permitidos pelo Estado, pois este é a única fonte do direito à aplicação da violência em seu território.

Denn das der Gegenwart Spezifische ist: daß man allen anderen Verbänden oder Einzelpersonen das Recht zur physischen Gewaltsamkeit nur so weit zuschreibt, als der Staat sie von ihrer Seite zuläßt: er gilt als alleinige Quelle des "Rechts" auf Gewaltsamkeit (WEBER, 1919, p. 397).

Contudo, como aponta Bianchi (2014), o conceito de Estado apresentado por Weber em 1918 não estava finalizado. Embora as noções de força e violência sejam essenciais para a compreensão da própria existência do Estado e de seu funcionamento como instituição política, elas não preenchem todo o seu conceito. A sociologia da dominação de Weber é mais ampla e o seu conceito de Estado foi elaborado para esclarecer que a ação do Estado não deve ser compreendida como a ação de um ente individualizável, mas como um conjunto de ações dos indivíduos que o compõem, embora não possa ser reduzida à simples soma destas.

Nesse contexto, o Estado era apresentado [por Weber] como uma forma social não individualizável, ou seja, não como um ente e sim como um feixe de ações protagonizadas por indivíduos. [...] Weber tende a considerar essas "formações sociais", dentre as quais o Estado, como instituições que não são redutíveis à simples soma de ações individuais. [...] Weber não estava disposto a reduzir as formações sociais a agregados mecânicos das ações de uma multiplicidade de indivíduos. A constelação das ações individuais daria origem, para ele a formações sociais mais ou menos estáveis, que não poderiam ser reconduzidas novamente às ações originais (BIANCHI, 2014, p. 86).

Esta atenção de Weber para as ações individuais demonstra um aprofundamento em seu conceito de Estado, que passou a defini-lo como uma relação de dominação entre indivíduos, em que um grupo de dominados é submetido à autoridade exercida pelos dominantes. Assim, o Estado não pode ser compreendido como um ente objetivo com existência separada daquelas dos indivíduos que o compõem, mas deve ser percebido como uma relação subjetiva de interesses entre os indivíduos que dominam e determinam sua vontade e os indivíduos que, dominados, obedecem.

O Estado, do mesmo modo que as associações políticas historicamente precedentes, é uma relação de **dominação** de homens sobre homens, apoiada no meio da coação legítima (quer dizer, considerada legítima). Para que ele subsista, as pessoas dominadas têm que se submeter à autoridade invocada pelas que dominam no momento dado (WEBER, 2004, p. 526, grifo do autor).

Desenvolvido o seu conceito de dominação, por meio do qual compreende-se a situação em que uma pessoa – ou grupo de pessoas – possui a capacidade de efetivamente determinar sua vontade sobre a das demais, Weber apresenta o conceito de associação de dominação – que explica a situação de dominação experimentada pelos membros de uma associação quando estejam submetidos a regras e normas que regulem o relacionamento entre eles. Essa associação tem ainda como característica essencial a existência de um corpo administrativo com a função de exercer o controle de sua ordem interna.

Segundo Weber (2004), quando este corpo administrativo de uma associação de dominação possuir como característica a capacidade de garantir de forma contínua, por meio da ameaça do uso da força, a manutenção da existência da associação e a vigência de suas ordens dentro de seu território, esta associação de dominação é denominada como associação política. Weber compreende assim o Estado como um modelo específico de associação política, uma empresa com caráter de instituição política cujo corpo administrativo reivindique com êxito o monopólio do uso legítimo da força para a garantia da ordem vigente em seu território.

> Uma associação de dominação era denominada por Weber associação política (*politischer Verband*) "quando e na medida em que sua subsistência e a vigência de suas ordens, dentro de determinado território geográfico, estejam garantidas de modo contínuo mediante a ameaça e a aplicação de coação física por parte do quadro administrativo" [...]. Os elementos básicos que podem ser extraídos dessa definição são, assim, um território ordenadamente dominado; a capacidade e a disposição para o uso da força sempre que for necessário; uma ação social não exclusivamente econômica; e um quadro administrativo

(BIANCHI, 2014, p. 89-90).

Assim, segundo Bianchi, quatro seriam as características fundamentais do Estado como associação política: um território delimitado – embora não necessariamente imutável – onde a relação de dominação é estabelecida; um poder institucional próprio, permanentemente organizado, com a capacidade e a disposição de usar a força no intuito de garantir sua contínua estabilidade; o objetivo de regular as variadas esferas da vida humana, além dos limites da associação econômica; e um quadro administrativo pessoal, permanentemente à disposição dos líderes; além de recursos administrativos materiais necessários para o uso da força.

A evolução temporal do conceito weberiano de Estado – desde o Estado como a comunidade humana que possui o monopólio do uso legítimo da força em seu território até o Estado como empresa com caráter de instituição política com um quadro administrativo que reivindica com êxito o monopólio legítimo da coação física para realizar as ordens vigentes – tornou o conceito de Estado mais preciso, segundo Bianchi (2014), apresentando o quadro administrativo do Estado como o responsável por exercer o monopólio do uso legítimo da força, e apontando como finalidade do Estado a realização das ordens vigentes, ou seja: em última análise, a finalidade do Estado seria sua autopreservação.

## 3.2 Aplicação do conceito de Estado de Max Weber à experiência do Estado Islâmico

Desde o púlpito da grande mesquita de al-Nuri em Mossul, Abu Bakr al-Baghdadi proclamou o nascimento do Estado Islâmico em 28 de junho de 2014, o primeiro dia do Ramadã. *"Rush O Muslims to your state. Yes, your state. Rush, because Syria is not for the Syrians, and Iraq is not for the Iraqis"* (DABIQ, 2014, p. 11), pregou o novo califa na cidade iraquiana que acabara de ser tomada por seu exército. Segundo ensinam Weiss e Hassan (2015), com a proclamação do califado, al-Baghdadi aboliu todas as nacionalidades. As nações do Crescente Fértil, e mesmo do mundo, não mais existiam. Existia apenas o Estado Islâmico.

O esforço por definir em termos secularistas ocidentais um movimento milenarista médio-oriental pode resultar em certa imprecisão, gerando, com grande probabilidade, uma compreensão incompleta do fenômeno em análise. Raewyn Connell (2007), ao desenvolver sua teoria metropolitana, argumenta que um estudo global em que Max Weber é considerado uma referência importante, mas Jamal al-Din al-Afghani não é, define-se como profundamente limitado. Connell defende com isso que a teoria clássica ocidental não deveria ser utilizada para explicar fenômenos contemporâneos externos ao Ocidente.

A crítica de Connell, no entanto, não se aplica a esta análise, uma vez que aqui tem lugar uma análise ontológica e pontual do conceito de um ente universalmente compreendido, o Estado. Assim, o objetivo desta investigação não é traçar uma análise sociológica irrestrita de um grupo salafista mesopotâmico, mas definir sua experiência sob a ótica científica da teoria do Estado para demonstrar de que forma a reivindicação – apresentada pelo próprio grupo – de que o Estado Islâmico se constitui em um Estado, apesar de não ser aceita por seus pares, enquadra-se nos termos do conceito weberiano de Estado.

Na conferência *Politik als Beruf*, como foi mencionado, Weber (1919) apresentou o Estado como a comunidade humana que possui o monopólio do uso legítimo da força em seu território. Segundo aponta Leslie (2015), este monopólio da violência, central para o conceito de Estado de Weber, pode ser claramente observado nos territórios dominados pelo Estado Islâmico.

Quando o grupo captura uma cidade, por exemplo, logo busca confiscar todo o armamento na região que não pertença a um de seus membros, com o objetivo de garantir o seu monopólio do uso da força no local.

> When it takes over a city, ISIS mediates disputes and responds swiftly to complaints from locals. It confiscates weaponry from everyone who isn't an ISIS member, establishing what Max Weber defined as the first condition of a state: a monopoly on violence. Its members are allocated different roles: dedicated fighters, security guards, medical administrators, bakery operators, lawyers. ISIS's methods of justice, while horrifically brutal – beheadings in the town square – are consistently applied, and judgements are swiftly dispatched (LESLIE, 2015).

A primeira medida tomada pelo grupo quando captura uma cidade é instalar a chamada praça *Hudud*, onde são praticadas as punições de acordo com a sharia, afirmam Weiss e Hassan (2015). Logo são estabelecidos um tribunal da sharia, uma força policial e uma estação de operações de segurança. A função da polícia da sharia, contudo, não se restringe à implementação da lei islâmica, mas inclui também regulações de mercado, por exemplo. Segundo os autores, a imposição da ordem e o desarmamento das comunidades ocupadas são objetivos importantes para a estratégia do Estado Islâmico. *"Like any government, it seeks to retain a monopoly on violence"* (WEISS; HASSAN, 2015, p. 232).

Além do monopólio do uso da força, segundo o conceito de Weber, deve haver um território onde este monopólio é exercido. No caso do Estado Islâmico, este território possui algumas peculiaridades, como pode-se perceber pelo fato de que, projetado em um mapa, seu território é mais semelhante a uma rede de estradas do que a um território contíguo tradicional, uma vez que suas aquisições territoriais nos desertos iraquiano e sírio seguem as rotas do avanço de seu exército por estradas e vales. Segundo Gilsinan (2014), esta configuração territorial serve à estratégia do Estado Islâmico no deserto.

> The 'caliphate' here is not so much a coherent territorial entity like Jordan or Belgium as a series of spreading cracks in existing states. There is no state-like border corresponding to the Aleppo-Mosul-Falluja perimeter. [...] "The land that ISIS controls is definitely riddled with holes that they do not control or

do not see as a priority at this moment in time" […]. ISIS influence can be felt even in these deserts, however. "Iraqis in the small hamlets and villages not directly under Islamic State control know who are truly in control" […]. Controlling the flow of traffic into a province means controlling access to it, as well as locals' ability to leave. It also means connecting ISIS's other infrastructure — including military bases and oil resources — across Syria and Iraq. "The desert is not necessarily significant" from ISIS's perspective […], "but the roads running through the desert are" [...]. Crucially, while those control zones don't amount to 35,000 square miles worth of territory, they do encompass major population centers, which tend to be concentrated along major roads. "The aims of the 'Caliphate' explicitly include population control, and ISIS has continued to prioritize the acquisition of populated geography", Cafarella writes. So the key elements of the Islamic 'State' are its network of population centers, oil resources, and military infrastructure, connected by roads (GILSINAN,

2014).

Outra peculiaridade do território ocupado pelo Estado Islâmico é o fato de que, por tratar-se de uma área geográfica conflagrada, reconhecida internacionalmente como parte legítima do Iraque e da Síria, o território sofre alterações constantes, com cidades sendo capturadas e perdidas. Apesar de o domínio do Estado Islâmico estar estabelecido sobre cerca de 90 mil quilômetros quadrados de desertos desde o noroeste do Iraque até o norte da Síria, com sua capital funcionando efetivamente na cidade síria de Raqqa, a área não é fixa. Contudo, segundo Bianchi, o conceito de Weber não requer uma condição de imutabilidade do território.

> A existência de um território definido não implica uma condição de imutabilidade. As fronteiras desse território podem não ser fixas nem precisas, ou podem mesmo encontrar-se em constante mutação, como ocorre com tribos nômades. O importante é que, em cada momento, exista um território sobre o qual a associação se estende e que permita definir quem está dentro e quem está fora dela (BIANCHI, 2014, p. 90).

Além dessas duas características essenciais para o conceito weberiano de Estado como comunidade humana – o monopólio do uso da força e um território –, o Estado Islâmico atende também aos demais requisitos do conceito de Estado como associação política, quais sejam: um poder institucional próprio, permanentemente organizado, com a capacidade de garantir a ordem pelo uso da força; o objetivo de regular as variadas esferas da vida humana; um quadro administrativo pessoal permanente e os recursos administrativos materiais necessários para o uso da força e a manutenção da ordem.

Samia Nakhoul (2015) relata que o Estado Islâmico já conta com as estruturas básicas de um Estado, uma vez que controla um território que inclui grandes cidades, ocupando um terço das áreas do Iraque e da Síria; possui sua própria estrutura militar e forças de segurança, estabeleceu uma administração que controla a vida diária de seus cidadãos, com escolas, escritórios de governo, hospitais, um sistema tributário e um judiciário baseado na sharia, além de ser reconhecido por uma parcela da população local, especialmente entre a minoria sunita iraquiana, como mais legítimo do que o próprio governo iraquiano, que sofre com a falta de legitimidade decorrente de sua gênese por meio da imposição estrangeira.

Já antes do Ramadã de 2014, ou seja, antes mesmo da autoproclamação do Estado Islâmico como o califado mundial, quando o grupo ainda era conhecido como o Estado Islâmico do Iraque e da Síria (ISIS), Ollivant e Fishman (2014) escreveram – em artigo que seria posteriormente citado pela revista oficial de propaganda do Estado Islâmico, Dabiq – que o grupo não era mais um Estado só no nome, mas uma realidade física, com controle sobre territórios desde Raqqa até Faluja; um Estado de fato que fornece serviços e aplica a justiça, com um exército multiétnico dedicado à sua segurança.

Segundo os autores, o Estado Islâmico do Iraque e da Síria já era no primeiro semestre de 2014 um ator estatal real, ainda que não reconhecido pelos demais, com uma estrutura mais semelhante à do Taliban do que à da al-Qaeda. Ou seja, não funciona como um grupo terrorista que encontra proteção em um Estado, como a al-Qaeda de Osama Bin Laden funcionava no Afeganistão na década de 1990, mas é o seu próprio Estado de fato, fornecendo proteção a organizações terroristas. Neste sentido, o Estado Islâmico funcionaria hoje como um patrocinador mais eficiente do terrorismo internacional do que o próprio Afeganistão antes de ser invadido em 2001.

The Islamic State in Iraq and Syria (ISIS) is no longer a state in name only. It is a physical, if extra-legal, reality on the ground. Unacknowledged by the world community, ISIS has carved a de facto state in the borderlands of Syria and Iraq. Stretching in a long ellipse roughly from al-Raqqah in Syria to Fallujah in Iraq (with many other non-contiguous "islands" of control in both Iraq and Syria), this former Al Qaeda affiliate holds territory, provides limited services, dispenses a form of justice (loosely defined), most definitely has an army, and flies its own flag. The United States has reacted to this reality indecisively, with policy split in half by the official, if no longer functional, internationally recognized border between Syria and Iraq. But the reality of a de facto jihadist state is not a state of affairs that can be long tolerated. [...] ISIS no longer exists in small cells that can be neutralized by missiles or small groups of commandos. It is now a real, if nascent and unrecognized, state actor—more akin in organization and power to the Taliban of the late 1990s than Al Qaeda (OLLIVANT;

FISHMAN, 2014).

Com o intuito de manter a sobriedade científica da análise, é importante afastar exageros e perceber que, como teria dito Mirabeau, o Estado Islâmico está mais para um Exército com um Estado do que um Estado com um Exército. No entanto, Thompson e Shubert (2015) apontam que novos estudos realizados pelo *Terrorism Research and Analysis Consortium* (TRAC) têm revelado a instalação de estruturas mais complexas de governo nos territórios ocupados pelo grupo. Para administrar as áreas capturadas – que incluem grandes cidades, como Mossul –, o Estado Islâmico deixa de lado sua estrutura puramente militar e cria um sistema burocrático complexo com estruturas semelhantes mesmo às Ocidentais.

Sua burocracia inclui um poder executivo e um Conselho da Shura, responsável por fiscalizar o cumprimento da sharia – a lei islâmica. Segundo os autores, o poder executivo é composto pelo califa, al-Baghdadi; por um gabinete de assessores e por dois assistentes diretos a al-Baghdadi – dois oficiais iraquianos veteranos que serviram sob o governo de Saddam Hussein – que coordenam a administração nos trechos iraquiano e sírio do território, repassando as determinações aos governos sub-estatais, que por sua vez informam os conselhos locais acerca dos decretos do executivo sobre todos os assuntos, desde relações com a mídia até questões financeiras.

O Conselho da Shura é o órgão responsável pela fiscalização religiosa no Estado Islâmico, instalado para garantir que os governadores e conselhos locais respeitem sua versão oficial da lei islâmica. Segundo Thompson e Shubert (2015), os assassinatos de reféns ocidentais – cuja brutalidade contribui para a propaganda do regime na mídia internacional – pertencem à esfera de decisão do Conselho da Shura e não podem acontecer sem sua prévia autorização. Além disso, o Conselho teria o poder de censurar até mesmo a liderança do regime quanto à sua aplicação da sharia, podendo, em tese, destituir o próprio al-Baghdadi do poder.

> ISIS has gone from being a purely military force to building a system that can provide basic services, such as making sure that gas and food are available, to its new citizens. [...] From the cabinet and the governors to the financial and legislative bodies, ISIS' bureaucratic hierarchy looks a lot like those of some of the Western countries whose values it rejects (THOMPSON; SHUBERT, 2015).

Os recursos financeiros necessários para que

o Estado Islâmico mantenha o funcionamento sustentável de sua estrutura provêm de uma economia diversificada no comércio de bens contrabandeados, além da cobrança de tributos. Brisard e Martinez (2014) concluem que o Estado Islâmico é a organização terrorista mais rica do mundo, produzindo – em grande parte com o contrabando de recursos naturais, além de sequestros e extorsões – um total de US$ 2,9 bilhões anuais. Segundo os autores, 38% deste valor refere-se às receitas com o comércio de petróleo e apenas 2% tem como origem doações.

De acordo com Mecham (2015), esse importante fluxo de riqueza recebido pelo Estado Islâmico tem permitido o desenvolvimento de sua economia. Além disso, o estabelecimento de um banco central – a Casa Financeira Muçulmana – tem ajudado em sua administração financeira, e não seria inesperado o lançamento de uma moeda própria, dada sua característica centralizadora. No entanto, apesar de seu orçamento ser superior ao de alguns países subdesenvolvidos, seu sistema burocrático ainda é muito frágil. Sua economia não é administrada com a mesma forma sistemática e racional com a qual a maioria dos Estados o fazem. Assim, a viabilidade econômica da experiência não está garantida.

## 3.3 Desafios para a caracterização do Estado Islâmico como Estado

Diferente dos critérios sociológicos e políticos apresentados por Max Weber em seu estudo sobre o conceito de Estado, o Costume Internacional – a prática geral aceita como sendo o direito – codificado na Convenção Interamericana sobre os Direitos e Deveres dos Estados, assinada em Montevidéu em 1933, estabelece de forma objetiva os quatro requisitos que um Estado deve cumprir para que seja reconhecido como pessoa de Direito Internacional: possuir uma população permanente, um território determinado, um governo e a capacidade de entrar em relações com os demais Estados.

No caso em estudo, foi possível demonstrar que o Estado Islâmico conforma-se aos três primeiros requisitos do Costume Internacional. No entanto, pela própria essência da conjuntura, falta ao grupo a capacidade de manter relações diplomáticas com outros Estados. O documento assinado em Montevidéu destaca, contudo, em seu artigo terceiro, que "a existência política do Estado é independente do seu reconhecimento pelos demais Estados" (PRESIDÊNCIA DA REPÚBLICA, 1937). Ou seja, um Estado pode existir de fato, politicamente, embora falte-lhe os requisitos para que seja reconhecida sua existência de direito.

Esse Costume Internacional codificado em Montevidéu não traz qualquer barreira real que claramente impossibilite o Estado Islâmico de ser reconhecido como Estado, pois esta impossibilidade não é jurídica, mas política. A razão de faltar ao Estado Islâmico a capacidade de entrar em relações com outros Estados é, em primeiro lugar, o fato de que nenhum Estado está politicamente disposto a reconhecer esta instituição que reivindica como seu os territórios de dois Estados-membros da ONU e que ameaça a segurança de todos – indivíduos, nações, Estados – os que não sigam sua visão apocalíptica milenarista do islamismo.

A brutalidade de seus meios de coerção, com espetáculos públicos de crucificações e decapitações de infiéis, amplamente divulgados na mídia internacional – utilizados estrategicamente como propaganda do regime para desestabilizar seus inimigos e as populações locais por meio do terror –, é um fator moral importante para a marginalização do Estado Islâmico entre seus pares e uma das razões para a praticamente unânime condenação de seu regime entre as nações. A coalizão militar em guerra contra o Estado Islâmico é vasta, e a ele não existem aliados.

No entanto, outros regimes são conhecidos por atraírem condenações morais por parte da comunidade internacional sem que isso afete o reconhecimento de seus Estados. O que põe em dúvida a universalidade dos valores morais. A Arábia Saudita, por exemplo, que também aplica uma interpretação salafista da lei islâmica em seu território e já decapitou, segundo o jornalista Zvi Bar'el (2015), cem prisioneiros apenas entre janeiro e junho de 2015, é um Estado-membro das Nações Unidas; assim como também é a Coréia do Norte, apesar de ameaçar seus vizinhos com ataques nucleares enquanto condena milhões dentro de suas fronteiras à fome.

Ainda, em abordagem um tanto diversa da apresentada por Weber, Guillermo O'Donnell (2006) destaca em seu conceito de Estado que a legitimidade não é uma característica necessária da violência praticada por este. A legitimidade da violência, segundo o autor, é um fator historicamente contingente que não é importante para a definição de Estado.

> Debo ahora ofrecer mi definición de estado: un conjunto de instituciones y relaciones sociales (la mayor parte de las cuales son sancionadas por el sistema

legal de ese mismo estado) que normalmente penetra y controla el territorio y los habitantes que este conjunto pretende delimitar geográficamente; como recurso de última instancia para hacer efectivas las decisiones que toman, estas instituciones tienen supremacía en el control de los medios de coerción física que algunos órganos del mismo estado normalmente mantienen sobre su territorio.

Obviamente, esta es una definición de inspiración weberiana. Sin embargo, a diferencia de Weber, no postula que la coerción o violencia practicada por el estado deba ser legítima. Es mejor considerar a esta característica como un factor históricamente contingente [...] (O'DONNELL, 2006, P. 19).

Apesar disso, um obstáculo talvez ainda maior para a capacidade do Estado Islâmico de manter relações diplomáticas com os demais Estados tem origem em sua própria interpretação de si mesmo, em seus próprios interesses de Estado. O radicalismo salafista do grupo de al-Baghdadi defende que deus é a única autoridade no universo e o Estado Islâmico, por ser o único estabelecido por deus, é o único Estado legítimo. Por este raciocínio, enviar representantes à ONU ou a outro Estado seria reconhecer uma outra autoridade, o que configuraria uma prática politeísta, segundo explica Graeme Wood (2015).

"This is not permitted", Abu Baraa said. "To send an ambassador to the UN is to recognize an authority other than God's". This form of diplomacy is shirk, or polytheism, he argued, and would be immediate cause to hereticize and replace Baghdadi. Even to hasten the arrival of a caliphate by democratic means — for example by voting for political candidates who favor a caliphate — is shirk. [...] It's hard to overstate how hamstrung the Islamic State will be by its radicalism. The modern international system, born of the 1648 Peace of Westphalia, relies on each state's willingness to recognize borders, however grudgingly. For the Islamic State, that recognition is ideological suicide. Other Islamist groups, such as the Muslim Brotherhood and Hamas, have succumbed to the blandishments of democracy and the potential for an

> invitation to the community of nations, complete with a UN seat. Negotiation and accommodation have worked, at times, for the Taliban as well. [...] To the Islamic State these are not options, but acts of apostasy (WOOD, 2015).

A racionalidade não é uma das características necessárias do Estado weberiano, assim como também não são a moralidade nem a capacidade de estabelecer relações com outros Estados. Como lembra Carcará (2013), o reconhecimento internacional de um Estado representa simplesmente um ato jurídico declaratório sobre um fato já existente, com a mesma importância que tem o registro civil para um ser humano. O Estado Islâmico existe de fato entre os rios Tigre e Eufrates e as decisões de sua administração afetam de fato a vida real das populações mesopotâmicas. Contudo, devido à natureza bélica de sua formação e ao radicalismo salafista de suas lideranças, falta-lhe a capacidade de estabelecer um relacionamento diplomático com seus pares, o que o impede de existir efetivamente no âmbito do Direito Internacional. O Estado Islâmico é um Estado de fato, não reconhecido por qualquer outro.

# CONCLUSÃO

Este trabalho analisou, em três capítulos, a relação existente entre uma característica expansionista do regime democrático de organização estatal e a formação do Estado Islâmico em territórios reconhecidos como legitimamente pertencentes a Iraque e Síria – formação esta demonstrada como fruto da desestabilização política e social decorrente da implantação forçada da nova democracia iraquiana a partir da invasão ocidental de 2003.

No primeiro capítulo do presente estudo, demonstrou-se de que forma a democracia possui uma característica expansionista natural, uma vez que, como descrito pela teoria da paz democrática, democracias são percebidas como mais pacíficas que autocracias. Tal noção de que democracias são defensoras mais eficientes da paz gera a inferência lógica de que uma sociedade internacional formada por democracias é uma sociedade mais segura e que, portanto, os governos de todos os Estados deveriam ser democráticos para que seja alcançado um grau superior de concertação entre os interesses individuais de todos para a conformação de uma paz internacional duradoura, quiçá perpétua, como projetou Kant.

Está claro que a democracia é o regime ideal, ainda que imperfeito, para o desenvolvimento das liberdades civis e políticas que permitam a fruição plena da humanidade, como no caso dos objetivos das democracias liberais modernas; e está mais claro ainda que os povos autogovernados devem patrocinar a divulgação dos benefícios do governo do povo para nações menos livres, ajudando a criar e fortalecer instituições e costumes que construam um cenário propício para o desenvolvimento de mais profundas liberdades políticas em todos os países.

Contudo, é importante que sejam respeitados os limites impostos pela Carta das Nações Unidas para a interferência de um Estado nos assuntos internos de outro; e é fundamental que se entenda que, embora a expansão da democracia seja desejável por meios graduais e pacíficos, o emprego da força não pode ser tolerado para tais fins. A noção de que democracias são por natureza mais pacíficas que autocracias é uma falácia perigosa para a segurança internacional, demonstrada como equivocada, e responsável por diversas guerras, como a do Iraque, iniciada em 2003, em que morreram centenas de milhares de pessoas.

No segundo capítulo deste estudo, abordou-se o texto da Carta das Nações Unidas e as normas a respeito do uso da força entre Estados. Foi demonstrado que só há duas possibilidades legítimas de emprego da força no atual regime de segurança da ONU: em caso de legítima defesa contra um ataque armado real ou imediato, podendo ser antecipado na medida em que este ataque, ainda não totalmente iniciado, esteja já em progresso; ou em caso de autorização do Conselho de Segurança para que a força seja empregada nos termos de determinada resolução específica aprovada pelo CSNU.

A pesquisa verificou que, sem a autorização do Conselho de Segurança das Nações Unidas e sem a existência de um ataque armado que desse razão a uma retaliação em legítima defesa, a invasão ao Iraque em 2003 foi ilegítima frente ao regime de segurança internacional vigente e ilegal segundo a Carta da ONU, representando um uso indevido da força, motivado pelo desejo de afastar o governo ditatorial, porém legítimo, de Saddam Hussein e de implantar, em seu lugar, uma nova democracia aliada aos interesses ocidentais.

No entanto, o novo governo iraquiano, sem as fundações tradicionais de uma democracia bem estruturada, como instituições políticas sólidas – uma vez que teve seu regime implantado pela força a partir de uma invasão estrangeira, não tendo sido construído em um fenômeno endógeno –, não foi capaz de substituir a velha ditadura de Hussein e garantir o monopólio do uso da força dentre de seu território, por não desfrutar de legitimidade entre algumas forças políticas fundamentais para a estabilidade do país, como os sunitas. Nesta instabilidade, e aproveitando-se do vácuo de poder deixado pelo novo governo iraquiano, desenvolveram-se diversos movimentos extremistas religiosos, como aquele que deu origem ao Estado Islâmico fundado por Abu Bakr al-Baghdadi.

No terceiro e último capítulo do trabalho, analisou-se a legitimidade do Estado Islâmico como um Estado weberiano, sendo demonstrado de que forma o movimento radical de al-Baghdadi – surgido como resultado da invasão estrangeira e da desestruturação política e social decorrentes da guerra –, pode ser considerado um Estado segundo o conceito apresentado por Max Weber. Embora não possa ser considerado politicamente como um Estado soberano parceiro dos demais nas relações internacionais, uma vez que, para isso, é necessário o reconhecimento deste por outros Estados – além do estabelecimento de relações diplomáticas entre eles –, esta pesquisa demonstrou como o Estado Islâmico pode ser estudado e interpretado cientificamente como um Estado, de acordo com a teoria weberiana, uma vez que, entre outros critérios, detém o monopólio do uso da força no território que controla nos vales dos rios Tigre e Eufrates.

Assim, este trabalho demonstrou como a invasão e a democratização do Iraque por meio da força representou a desestabilização social e política do país árabe. Como na década de 1970 no Camboja, onde o surgimento do Khmer Vermelho foi o resultado da fracassada interferência militar norte-americana na política local, a implantação forçada da democracia no Iraque deu origem a um regime extremista responsável pelo genocídio das populações que não se conformam a suas diretrizes fundamentais. O afã expansionista militar de algumas experiências da democracia, fundamentado pela teoria da paz democrática, cria as condições políticas para que, em busca de maior segurança nas relações internacionais, regimes democráticos ponham em risco a paz e a estabilidade entre os Estados, enquanto promovem, por meio da força, a multiplicação de frágeis governos populares aliados, como a nova democracia iraquiana.

118

# REFERÊNCIAS

ALLAIN, Jean. The True Challenge to the United Nations System of the Use of Force: The Failures of Kosovo and Iraq and the Emergence of the African Union. In: VON BOGDANDY, Armin; WOLFRUM, Rüdiger (Ed.). **Max Planck Yearbook of United Nations Law**, Vol. 8. Leiden: Martinus Nijhoff Publishers, 2004. p. 237-289. Disponível em: <http://papers.ssrn.com/sol3/papers.cfm?abstract_id=2276949>. Acesso em: 18 nov. 2015.

ARISTÓTELES. **Política.** São Paulo: Martin Claret, 2002.

BAR'EL, Zvi. **In Saudi Arabia, the Days of Beheadings May Be Numbered.** 2015. Disponível em: <http://www.haaretz.com/news/middle-east/.premium-1.661332>. Acesso em: 16 jun. 2015.

BIANCHI, A. O conceito de Estado em Max Weber. **Lua Nova**, São Paulo, n. 92, p. 79-104,

2014;

BOBBIO, Norberto. Democracia. In: BOBBIO, Norberto; MATTEUCCI, Nicola; PASQUINO, Gianfranco (Org.). **Dicionário de Política.** Volume 1. 13. ed. Brasília: Unb, 2009. p. 319-329.

BRASIL. Decreto nº 1570, de 13 de abril de 1937. Promulga as Convenções sobre direitos e deveres dos Estados e sobre asilo político, assinadas em Montevidéu a 26 de dezembro de 1933, por ocasião da Sétima Conferência Internacional Americana. **Presidência da República.** Rio de Janeiro, Disponível em: <http://www.planalto.gov.br/ccivil_03/decreto /1930-1949/D1570.htm>. Acesso em: 14 jun. 2015.

BRISARD, J.; MARTINEZ, D. Islamic State: The economy-based terrorist funding. **Thompson Reuters,** out. 2014. Disponível em: <https://risk.thomsonreuters.com/sites/default / files/GRC01815.pdf>. Acesso em: 14 jun. 2015;

BUSH, George W. **President and Prime Minister Blair Discussed Iraq, Middle East.** 2004. Disponível em: <http://georgewbush-whitehouse.archives.gov/news/releases/2004/11 /20041112-5.html>. Acesso em: 30 set. 2015.

BUSH, George W. **President Thanks U.S. and Coalition Troops in Afghanistan.** 2006. Disponível em: <http://georgewbush-whitehouse.archives.gov/news/releases/2006/03/20060301-3.html>. Acesso em: 30 set. 2014.

CARCARÁ, T. A. Estado e sua Certidão de Nascimento: O Reconhecimento Internacional como Elemento. In: MORAES, F. (Coord.). **Teoria do poder.** Belo Horizonte: Arraes, 2013. p. 463-484;

CHURCHILL, Winston. **Parliament Bill.** 1947. Disponível em: <http://hansard.millbanksystems.com/commons/1947/nov/11/parliament-bill>. Acesso em: 30 set. 2015.

CLINTON, Bill. **State of the Union Address.** 1994. Disponível em: <http://millercenter.org/president/clinton/speeches/speech-3437>. Acesso em: 27 ago. 2014.

COLE, Joshua; SYMES, Carol. **Western Civilizations.** 18. ed. New York: Norton, 2014.

CONNELL, R. **Southern Theory.** London: Polity, 2007;

DABIQ. n. 1, jun. 2014. Disponível em: <http://media.clarionproject.org/files/09-

122

2014/isis-isil-islamic-state-magazine-Issue-1-the-return-of-khilafah.pdf>. Acesso em: 14 jun. 2015;

DIAZ, Javier Leon. **Humanitarian intervention issues.** 2002. Disponível em: <http://www.javier-leon-diaz.com/docs/humanIntervIssues_Status.htm>. Acesso em: 20 nov. 2015.

DOWNES, Alexander; MONTEN, Jonathan. **FIRCed to be free:** Foreign-Imposed Regime Change and Democratization. 2010. Disponível em: <http://xa.yimg.com/kq/groups/23163446/190 0091610/name/Downes%20and%20Monten%2 0-%20Foreign-imposed%20regime%20change%20and%20demo cratization.pdf>. Acesso em: 27 ago. 2014.

EBERL, Oliver. Realismus des Rechts – Kants Beitrag zum internationalen Frieden. In: **Blätter für deutsche und internationale Politik.** Bonn: Blätter Verlagsgesellschaft, 2004.

ENCARNACION, Omar G. **Bush and the Theory of the Democratic Peace.** 2006. Disponível em: <http://www.worlddialogue.org/content.php?id =384>. Acesso em: 30 set. 2015.

FIALA, Andrew. The Democratic Peace Myth: From Hiroshima to Baghdad. **American Journal Of Economics & Sociology.** Hoboken, NJ: Wiley-Blackwell, p. 77-99. jan. 2009. EBSCOhost. Disponível em: <web.b.ebscohost.com>. Acesso em: 30 set. 2015.

FRANCE, Pierre Mendes. **A República Moderna.** Lisboa: Publicações Europa-América, 1963.

FREEDOM HOUSE. **Freedom in the World 2003.** 2003. Disponível em: <https://freedomhouse.org/report/freedom-world/freedom-world-2003>. Acesso em: 08 out. 2015.

FREEDOM HOUSE. **Freedom in the World 2015.** 2015. Disponível em: <https://freedomhouse.org/report/freedom-world/freedom-world-2015>. Acesso em: 08 out. 2015.

GILSINAN, K. The Many Ways to Map the Islamic 'State'. **The Atlantic**, 27 ago. 2014. Disponível em: <http://www.theatlantic.com/international/archive/2014/08/the-many-ways-to-map-the-islamic-state/379196/>. Acesso em: 14 jun. 2015;

GOTTFRIED, Paul. **War and Democracy.** United Kingdom: Arktos Media, 2012.

IRAQ BODY COUNT. **Iraq Body Count.** 2015. Disponível em: <https://www.iraqbodycount.org>. Acesso em: 08 out. 2015.

JENNINGS, Robert; WATTS, Arthur. **Oppenheim's International Law**, Vol. 1. 9. ed. Londres: Longman, 1996.

KANT, Immanuel. **Schriften zur Anthropologie, Geschichtsphilosophie, Politik und Pädagogik 1.** 3. ed. Frankfurt Am Main: Suhrkamp, 1981.

KEANE, John. **The Life and Death of Democracy.** Sydney: Simon & Schuster, 2009. Kindle Edition.

LAKE, Anthony. **From Containment to Enlargement:** Remarks of Anthony Lake. Washington: Executive Office Of The President, 1993. Disponível em: <http://catalog.hathitrust.org/Record/003792749>. Acesso em: 30 set. 2015.

LAYNE, Christopher. Kant or Cant: The Myth of the Democratic Peace. **International Security,** Cambridge, Mass., EUA, v. 19, n. 2, p.5-49, autumn 1994. Disponível em: <http://web.stanford.edu/class/polisci243b/rea dings/v0002542.pdf>. Acesso em: 30 set. 2015.

LESLIE, I. The pursuit of power: Why Isis loves spreadsheets and mafia bosses build chapels. **New Statesman**, 2 abr. 2015. Disponível em: <http://www.newstatesman.com/politics /2015/04/pursuit-power-why-isis-love-spreadsheets-and-mafia-bosses-build-chapels>. Acesso em: 14 jun. 2015;

MECHAM, Q. How much of a state is the Islamic State. **The Washington Post**, 5 fev. 2015. Disponível em: <http://www.washingtonpost.com/blogs/monk ey-cage/wp/2015/02/05/how-much-of-a-state-is-the-islamic-state/>. Acesso em: 14 jun. 2015;

MESQUITA, Bruce Bueno de; DOWNS, George W. Intervention and Democracy. **International Organization,** Cambridge, v. 60, n. 3, p.627-649, summer 2006. Disponível em: <www.jstor.org/stable/3877822>. Acesso em: 30 set. 2015.

MORAES, Filomeno. O momento maquiaveliano em "O Príncipe": as "boas leis" e o poder constituinte. **Pensar**: Revista de Ciências Jurídicas, Fortaleza, v. 18, n. 3, p.759-784, set./dez. 2013.

NAKHOUL, S. Insight - Islamic State expands its 'state'. **Reuters**, 22 maio 2015. Disponível em: <http://uk.reuters.com/article/2015/05/22/uk-mideast-crisis-islamic-state-insight-idUKK BN0O716S20150522>. Acesso em: 14 jun. 2015;

NOUR, Soraya. **À Paz Perpétua de Kant**. São Paulo: Martins Fontes, 2004.

OBAMA, B. Statement by the President on ISIL. **The White House**, 10 set. 2014. Disponível em: <https://www.whitehouse.gov/the-press-office/2014/09/10/statement-president-isil-1>. Acesso em: 14 jun. 2015;

O'DONNELL, Guillermo. Pensamientos retrospectivos sobre el estado, la democratización y la democracia. In: EMMERICH, Gustavo Ernesto (Org.). **Ellos y Nosotros**: Democracia y Representación en el Mundo Actual. Cidade do México: Demos, 2006. p. 17-22.

OLLIVANT, D.; FISHMAN, B. State of Jihad: The Reality of the Islamic State in Iraq and Syria. **War on the Rocks**, 21 maio 2014. Disponível em: <http://warontherocks.com/2014/05/ state-of-jihad-the-reality-of-the-islamic-state-in-iraq-and-syria/>. Acesso em: 14 jun. 2015;

ORGANIZAÇÃO DAS NAÇÕES UNIDAS.

**Carta das Nações Unidas.** São Francisco, 1945. Disponível em: <https://nacoesunidas.org/carta/>. Acesso em: 20 nov. 2015.

ORGANIZAÇÃO DAS NAÇÕES UNIDAS. Resolução nº 678 do Conselho de Segurança das Nações Unidas, de 29 de novembro de 1990. **Resolution 678.** Disponível em: <http://daccess-dds-ny.un.org/doc/RESOLUTION/GEN/NR0/57 5/28/IMG/ NR057528.pdf?OpenElement>. Acesso em: 18 nov. 2015.

ORGANIZAÇÃO DAS NAÇÕES UNIDAS. Resolução nº 687 do Conselho de Segurança das Nações Unidas, de 03 de abril de 1991. **Resolution 687.** Disponível em: <http://www.un.org/Depts/unmovic/documen ts/687.pdf>. Acesso em: 18 nov. 2015.

ORGANIZAÇÃO DAS NAÇÕES UNIDAS. Resolução nº 1441 do Conselho de Segurança das Nações Unidas, de 08 de novembro de 2002. **Resolution 1441.** Disponível em: <http://www.un.org/Depts/unmovic/documen ts/1441.pdf>. Acesso em: 18 nov. 2015.

OWEN, John M. Democratic Peace Research: Whence and Whither? **International Politics,**

128

United Kingdom: Palgrave Macmillan, v. 41, n. 4, p.605-671, 30 nov. 2004. Disponível em: <http://www.ingentaconnect.com/content/pal/ip/2004/00000041/00000004/art00008>. Acesso em: 30 set. 2015.

RATNER, Michael; LOBEL, Jules. **The United Nations Charter and the Use of Force against Iraq.** 2002. Disponível em: <http://www.wslfweb.org/docs/iraqstatemt.htm >. Acesso em: 12 nov. 2015.

RISSE, Thomas. Democratic Peace: Warlike Democracies? In: GEERAERTS, Gustaaf; STOUTHUYSEN, Patrick (Ed.). **Democratic Peace for Europe:** Myth or Reality. Bruxelas: Vub University Press, 1999. p. 19-39. Disponível em: <http://poli.vub.ac.be/publi/orderbooks/myth/03Risse.pdf>. Acesso em: 30 set. 2015.

SCHWARTZ, Thomas; SKINNER, Kiron K. The Myth of the Democratic Peace. **Orbis,** Philadelphia, v. 46, n. 1, p.159-172, winter 2002. Portal de Periódicos CAPES/MEC. Disponível em: <www.periodicos.capes.gov.br>. Acesso em: 30 set. 2015.

THOMPSON, N.; SHUBERT, A. The anatomy of ISIS: How the 'Islamic State' is run, from oil to beheadings. **CNN**, 14 jan. 2015. Disponível em: <http://edition.cnn.com/2014/ 09/18/world/meast/isis-syria-iraq-hierarchy/>. Acesso em: 14 jun. 2015;

WEBER, M. **Economia e sociedade**, v. 2. São Paulo: UnB, 2004;

WEBER, M. Politik als Beruf (1919). **Spiegel Online**, jun. 2015. Disponível em: <http://gutenberg.spiegel.de/buch/politik-als-beruf-8139/2>. Acesso em: 14 jun. 2015;

WEISS, M.; HASSAN, H. **ISIS: Inside the army of terror**. New York: Regan Arts, 2015;

WHITEMAN, Marjorie M. **Digest of International Law**, Vol. 5. Washington: U.s. Department Of State, 1965.

WOOD, G. What ISIS Really Wants. **The Atlantic**, mar. 2015. Disponível em: <http://www.theatlantic.com/features/archive/ 2015/02/what-isis-really-wants/384980/>. Acesso em: 14 jun. 2015.

www.ingramcontent.com/pod-product-compliance
Lightning Source LLC
Chambersburg PA
CBHW050455290526
45786CB00006B/2303